La
GESTIÓN
DE STOCKS
en la
CADENA
de
SUMINISTRO
un enfoque práctico

ADINGOR
Asociación para el Desarrollo de
la Ingeniería de Organización

Colección

Ingeniería de Organización

EDITORES:

Joaquín Bautista Valhondo
Universidad Politécnica de Cataluña

Mareva Alemany Díaz
Universidad Politécnica de Valencia

COMITÉ EDITORIAL:

J. Carlos Prado Prado
Universidad de Vigo

Adolfo López Paredes
Universidad de Málaga

Raúl Poler Escoto
Universidad Politécnica de Valencia

Luis Onieva Giménez
Universidad de Sevilla

La GESTIÓN DE STOCKS en la CADENA de SUMINISTRO

un enfoque práctico

J. CARLOS PRADO PRADO

ADINGOR
Asociación para el Desarrollo de
la Ingeniería de Organización

DEXTRA

© Dextra Editorial S. L.
c/ Arroyo de Fontarrón, 271, 28030 Madrid
Teléfono: 91 773 37 10
info@dextraeditorial.com

ISBN: 978-84-10026-55-1
Depósito Legal: M-27175-2025
Impreso en España-*Printed in Spain*

A Chus, onte, hoxe, mañan, sempre!

A María, Ana y Carlos, las estrellas que me iluminan.

A todos mis compañeros de mi grupo de investigación (GIO), sin los cuales este libro no sería posible. Gracias, especialmente, a Iria y Jose por su revisión y corrección del borrador del libro.

ÍNDICE

INTRODUCCIÓN

Este libro sobre la gestión de stocks en la cadena de suministro: un enfoque práctico, pretende, como su nombre indica, realizar una aproximación a la gestión de stocks desde un enfoque práctico. Para ello se usan múltiples ejemplos y casos reales de empresas con las que hemos tenido la suerte de colaborar a lo largo de los últimos años en proyectos de transferencia con las mismas.

Por cierto, cuando hablamos de gestión de stocks en este libro, nos referimos exclusivamente a los artículos de demanda independiente, es decir, aquellos cuya demanda viene determinada directamente por el mercado. Queda, por tanto, excluida la gestión de stocks de los artículos utilizados en los procesos productivos (como las materias primas, los productos en curso, los semiterminados...), cuya demanda es dependiente de la de los productos terminados. Eso sí, también se incluyen aquellos artículos que, aún dependiendo de la demanda de los productos terminados, se decide gestionar como si fueran de demanda independiente. Esto ocurre, por ejemplo, con artículos de bajo coste utilizados en el proceso productivo y sin una caducidad apreciable (como tornillos, entre otros múltiples ejemplos). Esta forma de gestionar los stocks de estos artículoses lo que tradicionalmente se conoce como gestión de stocks en empresas de servicios.

Asimismo, en este libro se excluye casi por completo el enfoque cuantitativo de la gestión de stocks. Si el lector tiene interés en el mismo, le recomiendo el libro, de esta misma colección, titulado *Planificación y Con-*

trol de Stocks, redactado, de forma brillante, por el profesor D. Joaquín Bautista.

Realizadas estas consideraciones, el libro se ha estructurado en cuatro capítulos, siendo el primero de ellos de carácter introductorio. Este primer capítulo presenta, tras la oportuna definición de qué son los stocks, una serie de consideraciones generales sobre los mismos (clases de stocks, funciones, parámetros relevantes...), y, a continuación, los costes de los stocks y los indicadores. Cierra el capítulo, los diferentes métodos empleados para la valoración de los stocks.

El segundo capítulo aborda el control de stocks, con una breve descripción de los sistemas de información para el control, seguido de los diferentes estados del stock que influyen en su control, y, posteriormente, la codificación de las referencias o artículos y, finalmente, el recuento de existencias.

El capítulo tercero, el más extenso de este libro, plantea los diferentes enfoques para la gestión de stocks, iniciándose con la clásica clasificación ABC y sus implicaciones en dicha gestión. Posteriormente, se realiza un breve recorrido por los sistemas básicos de gestión de stocks (denominados de revisión continua y de revisión periódica) y una mención a la cantidad económica de pedido (o EOQ por sus siglas en inglés) que, a pesar de su antigüedad, sigue siendo una buena aproximación para determinar la cantidad a adquirir.

Posteriormente, se analiza la gestión de stocks en la práctica, al que acompaña un caso de estudio con su solución, y se presenta el conocido sistema de los dos depósitos para gestionar artículos de poca importancia económica. También, para estos artículos, se detalla el empleo del Kanban como herramienta de gestión de stocks y se presenta un caso práctico de la aplicación del citado Kanban. El capítulo finaliza con la presentación de un proyecto que realizamos en una empresa de fontanería industrial, consistente en el rediseño de su sistema de gestión de stocks.

El último capítulo de este libro se centra en la gestión de stocks en la cadena de suministro y contempla diferentes aspectos de la misma. En primer lugar, sobre la política de stock en depósito o consigna. Posteriormente, se plantea la decisión sobre si es mejor gestionar centralizadamente o descentralizadamente el stock. A continuación, las implicaciones de tener múltiples ubicaciones para el stock y el impacto en su reducción, a través de la denominada ley de la raíz cuadrada. Luego, el capítulo se adentra en presentar la problemática de los stocks en la cadena de suministro con las actuaciones a poner en práctica, abordando también el flujo de información y el impacto del denominado efecto látigo. También, se presenta la política de aplazamiento de pedidos. El libro finaliza con el planteamiento de un caso de una empresa, donde se aborda la situación de su cadena de suministro y las potenciales alternativas existentes a la misma.

Por último, señalar que, aunque existen otros aspectos muy ligados con los stocks, tales como la identificación y ubicación de materiales, los sistemas de manutención y almacenaje, la preparación de pedidos, etc., los mismos no se contemplan en la presente publicación.

1. INTRODUCCIÓN A LOS STOCKS
COSTES E INDICADORES. VALORACIÓN DE STOCKS

En este primer capítulo introductorio a la gestión de stocks (o inventarios), se presenta, en primer lugar, la definición del stock, las funciones de los inventarios y las consecuencias de la disponibilidad de los mismos, así como los parámetros relevantes en la gestión de stocks. Posteriormente, se abordan los diferentes costes que supone tener stocks y una serie de indicadores para medir su importancia. Finalmente, se describen los diferentes métodos de valoración de los stocks.

1.1. Stocks. Clases y funciones

Los stocks o existencias son acumulaciones de materiales en el espacio y en el tiempo. El diccionario de la Real Academia Española (RAE) los define como "mercancías destinadas a la venta, guardadas en un almacén o tienda".

Estos stocks presentes en las empresas se pueden clasificar en función de diversos criterios, entre los que se encuentra el grado de transformación de los materiales. Así, existirán existencias de:

- Materias primas, para ser utilizados como componentes del producto terminado.
- Componentes, o submontajes que se incorporan a producto final.
- Productos en curso de fabricación, o productos situados en la planta entre dos operaciones consecutivas.
- Productos semiterminados, a los que solo le falta alguna operación para completar su proceso productivo.
- Productos terminados, destinado a la venta.
- Subproductos, de carácter secundario con respecto a la fabricación principal, entre los que se incluyen los residuos.
- Materiales para el consumo y reposición, tales como combustibles, repuestos, material de oficina.
- Envases y embalajes.

El alcance de este libro, tal como señalamos en la introducción, se centra exclusivamente en artículos de demanda independiente, es decir, nos referimos a artículos cuya demanda depende de la del mercado, y, por tanto, queda excluida la gestión de stocks de los artículos en las empresas productivas (como las materias primas, los productos en curso, los semiterminados...), cuya gestión es dependiente de la demanda de los productos terminados. También, se incluyen aquellos artículos que, dependiendo de la demanda de los productos terminados, se deciden gestionar como si

fueran independientes de la misma (por ejemplo, artículos de bajo importe usados en el proceso productivo, sin apreciable caducidad, como tornillos, entre otros múltiples ejemplos). Esta gestión de stocks de estos artículos es lo que tradicionalmente se conoce como la gestión de stocks en
empresas de servicios.

Por otro lado, la existencia de stocks o existencias se justifica por las
funciones que realizan, entre las que se pueden mencionar:

- Desacoplar operaciones entre el cliente y el proveedor (y, lo mismo,
  en el sistema productivo).
- Cubrir las variaciones y las aleatoriedades de la demanda y de los plazos de entrega (esta función da origen al término stock de seguridad).
- Estabilizar producción frente a cambios bruscos la demanda (por
  promociones del producto o estacionalidad de la demanda).
- Proteger contra la potencial subida de precios de los artículos e in-
  terrupciones de suministro.

Sin embargo, esta utilidad de los stocks puede llegar a convertirse en
un arma de doble filo, debido a que en el fondo constituyen una especie de
iceberg que oculta toda una serie de posibles ineficiencias relacionadas
con el diseño de productos, los proveedores, las previsiones inadecuadas,
los tiempos de preparación elevados, la distribución en planta, los cuellos
de botella, las averías, los defectos de calidad, el incumplimiento de los
métodos de trabajo, etc. (figura 1.1)

Las ineficiencias que esconden los stocks

Previsión de la demanda deficiente,
Averías y malfuncionamiento de equipos
Problemas de calidad (defectos, reprocesos,...)
Tiempos de preparación largos (poca flexibilidad)
Distribución en planta ineficiente (recorridos, esperas,...)
Ineficiente gestión de cuellos de botella (capacidad)
Diseño de productos y componentes ineficientes
Métodos de trabajo ineficientes
Gestión ineficiente de compras y aprovisionamientos
...

Figura 1.1. *Stocks. Ineficiencias ocultas*

Otra forma de verlo es como un pantano, siendo el agua la cantidad de stock necesaria para que el barco (nuestra empresa) navegue sin encallar en las rocas (las ineficiencias comentadas en el párrafo anterior).

Pero si no vemos la empresa como un ente aislado, sino que vemos la cadena (o red) de suministro, la imagen es el cauce de un río desde su nacimiento (las materias primas) hasta su desembocadura en el mar (el consumo del producto por parte del mercado), incluyendo cuando sube la marea y el agua salada remonta el río (logística inversa). Esa agua del río es el stock y el ancho del río representa el número de referencias de cada empresa, mientras que la profundidad muestra la cantidad de stock de cada referencia (figura 1.2)

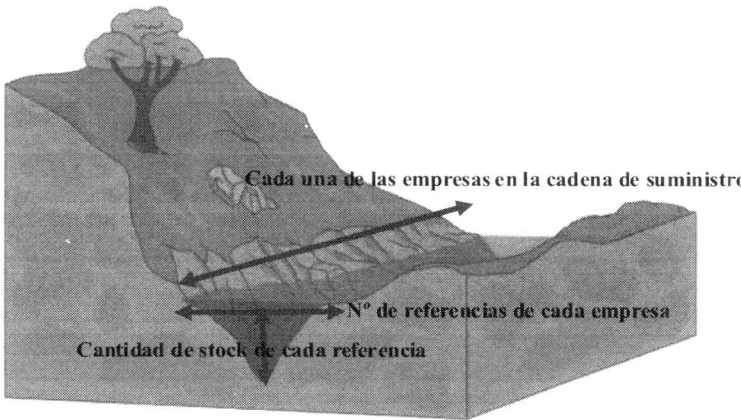

Figura 1.2. *Visión de los stocks en la cadena de suministro*

1.2. Parámetros relevantes en la gestión de stocks

Son tres los parámetros relevantes: la demanda, el plazo de entrega y los costes (que se abordan en el epígrafe siguiente 1.3).

Calcular la demanda de un artículo en un determinado horizonte, sea horas, días, semanas, meses o años sigue siendo uno de los aspectos más complicados, por no decir, el que más, en la gestión de las empresas.

La previsión de la demanda se suele calcular teniendo en cuenta los valores históricos y estimaciones futuras, empleando técnicas cuantitativas y cualitativas. Aunque el objeto de este libro no es desarrollar las diferentes técnicas para la realización de previsiones de la demanda, podemos mencionar, entre las técnicas cuantitativas, los modelos de series temporales (medias, alisado exponencial simple, doble alisado exponencial, Winters o Box-Jenkins) o los modelos causales (regresión lineal de mínimos cuadrados, regresión curvilínea o regresión múltiple). El reciente empleo de técnicas de inteligencia artificial y *machine learning* para el cálculo de las previsiones parece albergar buenas expectativas.

Por su parte, el plazo de entrega que es el tiempo que transcurre desde que se lanza un pedido hasta que el producto está listo para su uso. Este plazo incluye tanto el tiempo de emisión del pedido, como el plazo del proveedor (incluido el transporte hasta el cliente) y el tiempo desde que llega a la empresa hasta que se encuentra listo para su uso (requiriendo, por ejemplo, los pertinentes controles de calidad).

Por cierto, cuando se habla de la demanda y del plazo se debe tener en cuenta su valor, pero sobre todo la fiabilidad de ese valor. Cuánta menor sea la fiabilidad, o se incrementa el stock de seguridad para poder atender la demanda o se rompen los stocks con las correspondientes consecuencias que ello ocasiona.

Por eso, en el caso del plazo de entrega del proveedor, el énfasis inicial debe recaer en fiabilizarlo, no tanto en reducirlo. A veces, la empresa presiona al proveedor para que reduzca su plazo de entrega, el proveedor cede para contentar a la empresa (sabiendo que previsiblemente va a incumplir) y, finalmente, falla y genera un problema mayor. Es decir, si el proveedor establece que el plazo de entrega es una semana, es clave que de verdad sea esa semana y que no prometa cinco días y luego incumpla.

Eso sí, una vez fiabilizado el plazo, lo siguiente será ir poco a poco reduciéndolo.

Establecidos estos parámetros, para reducir el stock medio en la empresa, las actuaciones son, por tanto, mejorar las previsiones, regularizar la demanda, regularizar el plazo de entrega, disminuir el plazo de entrega y reducir la cantidad a pedir (aspecto este que se aborda en el capítulo 3).

1.3. Costes de los stocks

No hay que olvidar que la existencia de stocks implica, además de lo mencionado en el epígrafe anterior, incurrir en una serie de costes, los cuales se pueden agrupar en cuatro categorías: adquisición, emisión o preparación, almacenaje o mantenimiento y rotura o ruptura.

A continuación, se explican cada uno de estos grandes capítulos de costes:

Los *costes de adquisición* se asocian al precio de los artículos si se compran, e incluirían los costes de transporte (si no estuvieran incluidos en el precio de compra), potenciales descuentos, etc., o a su coste, si se fabrican.

En segundo lugar, hay que considerar los *costes de emisión o prepara-ción*, los cuales están presentes, tanto si el pedido se realiza a un proveedor, como a la fábrica.

Estos costes se corresponden a los medios humanos y materiales nece-sarios, tanto para identificar el instante en que se debe lanzar una orden (de compra o fabricación), como para llevar a cabo la planificación, ejecu-ción, seguimiento y control de dicha orden, además de en los que se incu-rre para realizar su correspondiente recepción, inspección, almacenaje y notificación de llegada de los materiales.

El coste de planificación, ejecución, seguimiento y control corresponde a todo el coste necesario para realizar el proceso de gestión de stocks (cuánto stock hay, cuándo pedir, cuánto pedir, a quién pedir, que se abor-dará en los próximos capítulos) en empresas de servicios (artículos de demanda independiente) y a todo el proceso de planificación de la pro-ducción, lanzamiento y control de las órdenes de producción en empresas industriales (artículos de demanda dependiente). No dejan de ser "proce-sos administrativos o de gestión" y estos costes suelen estar "ocultos" en las empresas.

Y lo mismo podemos decir de los costes de recepción del pedido, de la inspección del mismo (si procede realizarla a los artículos de ese pedido) y del almacenaje del pedido en las instalaciones.

Asimismo, en el caso que el pedido se realice a fábrica, habrá que consi-derar, además, el coste relativo a la preparación de la maquinaria para rea-lizar el lote de producción, así como el correspondiente a las unidades de-fectuosas por inicio de fabricación, hasta la puesta a punto de la máquina. Este coste se denomina en la jerga productiva, coste de "*set-up*" (de prepa-ración), aunque sólo es una parte del coste de preparación, como se ha se-ñalado. Como seguro se sabe, reducir este coste de setup o de preparación es uno de los elementos clave dentro de la filosofía Justo a tiempo o Lean (véase, por ejemplo, si se desea profundizar en este aspecto, en esta misma colección, nuestro libro *Fundamentos de gestión de la producción*).

Por otro lado, los *costes de almacenaje o mantenimiento* del stock, que se suelen expresar como un porcentaje anual de la inversión en existen-cias, son aquellos en los que se incurre como consecuencia de mantener almacenados dichos stocks. Asimismo, se pueden identificar una serie de elementos dentro de estos costes:

  – El coste del capital o coste de oportunidad, dado que contar con stocks supone "inmovilizar" una cantidad de dinero que hay que detraer de otros usos.

- El coste del espacio que ocupa en el almacén o planta (compra o alquiler). Típicamente, asociado a la superficie y/o volumen destinado al almacenaje.
- Los costes del personal dedicados a la manipulación y almacenaje de las mercancías en los almacenes.
- Los costes de los equipos de manipulación y almacenaje (carretillas elevadoras, transpalés, estanterías…).
- Los costes energéticos asociados a la actividad del almacén. Estos costes pueden llegar a ser importantes si los productos requieren condiciones específicas de conservación (por ejemplo, frío, calor, humedad…).
- Los costes de obsolescencia, esto es, los asociados a que un producto en stock deje de estar en condiciones habituales de consumo. Es muy importante en productos de ciclo de vida corto, como, por ejemplo, el caso de los productos frescos que tienen corta fecha de caducidad (yogures, carne, pescado…). O también porque un artículo ha sido sustituido por otra referencia o versión del mismo (con mayor rapidez en productos de moda o productos electrónicos).
- Los costes asociados a los deterioros de la mercancía almacenada.
- Los costes asociados a potenciales robos o hurtos de la mercancía almacenada.
- Los costes de los seguros de la mercancía almacenada.
- Los costes del sistema de información de almacén necesarios para el control de los stocks (equipos informáticos, terminales portátiles, lectores de códigos de barras o RFID, software de gestión de almacén, impresoras, etiquetas…).

Generalmente, los costes de almacenaje o mantenimiento del stock se suelen expresar como un porcentaje anual del capital inmovilizado en stocks. Evidentemente, estos costes de almacenaje existen independientemente de que los recursos utilizados en el almacén sean propios o ajenos, aunque la forma y visibilidad del cálculo pueden ser diferentes.

Desde nuestro punto de vista, no todos estos costes deben asignarse al almacenamiento.

Y, ello es así, porque buena parte de estos costes son más bien achacables a la recepción del material (y, por tanto, correspondientes al pedido de compra) y a la preparación del pedido para el cliente (y, por tanto, al pedido). La figura 1.3 resume este enfoque de "procesos" que es cómo deberíamos enfocar esta casuística y que nos ayuda a aclarar la asignación de estos costes.

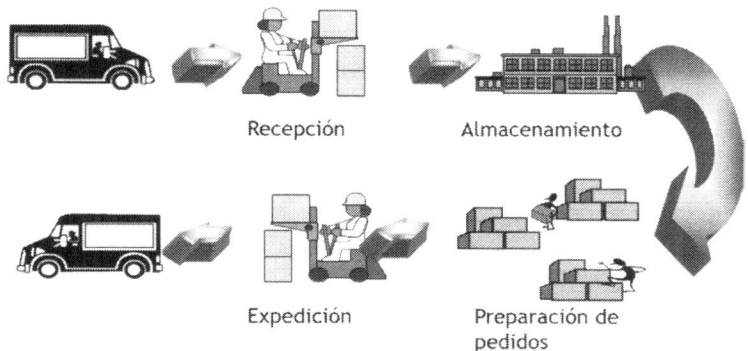

Figura 1.3. *Flujo de recepción y emisión de pedidos.*

Por ejemplo, por citar dos de los costes más importantes, el personal y los equipos son necesarios, no tanto para almacenar el producto, sino, sobre todo, para la recepción del pedido de compra y la preparación del pedido del cliente. Esto es, para recepcionar el material que llega del proveedor (coste de compra del artículo): recepcionarlo, descargarlo del camión, inspeccionarlo (si procede, tarea que a veces realiza personal de calidad) y ubicarlo en la estantería. Y, por supuesto, para preparar el pedido del cliente (coste de pedido): ir a la estantería, recoger la cantidad que nos pide el cliente, inspeccionar (si procede), llevarlo a la zona de expedición y expedirlo (cargarlo en el camión). Y esta consideración apenas se tiene en cuenta en el cálculo de los costes de almacenaje, siendo fundamental.

Y con respecto a la iluminación necesaria en el almacén es mayoritariamente para los dos procesos anteriores. La mercancía no necesita tener iluminación ("no tiene miedo a oscuras", jaja). Además, también se precisa iluminación en el procesos de recuento (para cerciorarse de cuánto stock hay), proceso que se encuadra en el control de stocks y, por tanto, una vez más con la gestión de stocks (y asignados a los costes de emisión del pedido).

Algo similar, se puede decir de la obsolescencia (una inadecuada gestión de stocks es el causante de la obsolescencia de los artículos) y del deterioro (por mal trato del personal, aunque pudiera existir una parte por instalaciones deficientes que perjudiquen al material...).

De forma resumida, nuestra propuesta se refleja en la tabla 1.1.

Tabla 1.1. *Costes achacables directamente a la existencia de stocks*

Capítulo de coste	¿Achacable al stock?
Oportunidad	Sí
Instalaciones	Una parte
Espacio almacén/planta	Una parte
Personal	Apenas
Equipos	Apenas
Electricidad	Apenas
Condiciones especiales (p. ej., frío)	Sí
Deterioro	Apenas
Obsolescencia	Apenas
Hurtos	Una parte
Riesgo (seguros)	Sí
Información y control	Una parte

Un ejemplo que es una buena prueba de nuestro enfoque es la forma de tarifar de un buen número de operadores logísticos de almacenaje. En la tabla siguiente se observan las tarifas de uno de ellos (hemos modificado los números, manteniendo la idea).

Tabla 1.2. *Tarifas de un operador logístico*

Gestión informática y administrativa Por transacción 0,68 €; Por factura y albarán 0,14 €	
Entradas Precio palé 3,85 € Precio ya paletizado 1,40 € **Almacenaje** Hueco palé mes 5,50 € Hueco picking 2,15 € **Preparación de pedidos** Precio pedido 0,85 € Precio por unidad de pedido 0,09 € Precio por caja de pedido 0,35 € Precio por palé pedido 3,85 €	**Logística inversa** Precio devolución 0,85 € Precio devolución por unidad 0,09 € Precio devolución caja completa 0,35 € Precio devolución por palé 3,85 € **Tareas especiales** Hora operario 18 €

Finalmente, los *costes de rotura o ruptura* de stocks están vinculados a lo no atención de la demanda del mercado por falta de producto. Aunque en general los llamamos costes de rotura (y yo así lo hago siempre), deberíamos decir ruptura, ya que como dice el diccionario de la Real Academia Española (RAE): para nombrar la acción y efecto de romper(se) existen dos sustantivos, rotura y ruptura, pero no son intercambiables. Cuando se trata de realidades materiales, se prefiere el uso de rotura: «La rotura de la cadera me separó de Agustín» (V Llosa *Fiesta* [Perú 2000]). Si se trata de realidades inmateriales, lo normal es usar ruptura: «Me entregaron la carta oficial de ruptura de relaciones diplomáticas» (Escudero *Malvinas* [Arg. 1996]).

Siendo, desde un punto estratégico, un apartado de coste especialmente relevante, sin embargo, su valoración es especialmente compleja y subjetiva. Así, ¿cuánto cuesta, por ejemplo, una pérdida de venta por falta de disponibilidad del producto? Más allá, de la pérdida inmediata del ingreso se encuentra la posible pérdida de ingresos futuros por una merma en la imagen de marca del comercializador. También es cierto que, a veces, las compañías deciden una estrategia marketiniana de "generar hambre" del producto, induciendo en el consumidor el deseo de adquirir ya el producto, ante el riesgo de que se agote.

A veces, las compañías tienen dificultad para conocer cuánta ha sido la rotura de stock. Por ejemplo, nos hemos quedado sin yogures de vainilla en nuestro supermercado, pero ¿cuántos hubiéramos vendido si hubiésemos tenido stock?

Como se comentará posteriormente, con objeto de minimizar estas roturas de stocks, es habitual que las empresas diseñen en sus sistemas de gestión de stocks un "stock de seguridad" relacionado con un nivel de servicio mínimo que quieran ofrecer al mercado, stock de seguridad que tratará de evitar esas roturas.

1.4. Indicadores de stock

Si bien podemos hablar de múltiples indicadores de los stocks, los más habituales e interesantes son, desde nuestro punto de vista:

1. El número de días
   Es decir, con el stock que tenemos, cuántos días cubrimos la potencial demanda que vamos a tener. Se suele denominar también la cobertura.

$$\text{N.}^\text{o} \text{ de días de stock} = \frac{\text{Stoch medio (en días)}}{\text{Ventas/consumo diario (en unidades) medio}}$$

2. La rotación
   Es el inverso a la cobertura.

$$\text{Rotación} = \frac{\text{Venta}}{\text{Stock medio}}$$

Es deseable una elevada rotación, pero debe prestarse atención a los costes de emisión o preparación (si se está pidiendo cantidades pequeñas continuamente, mejora la rotación, pero se incrementan estos costes) y a los costes de rotura (si hay poco stock, la rotación es buena, pero se puede romper si aumenta de forma imprevista la demanda o el plazo de entrega).

Ahora bien, debe prestarse atención también a estos dos aspectos: ¿en qué unidades se miden las ventas y el stock? y ¿en qué período se calcula la rotación?

Si las ventas y los stocks se consideran en unidades hay coherencia, pero cuidado si se expresan en euros, ¿ventas a precio de venta y stock en base a criterio de valoración del mismo (por ej., precio medio ponderado, precio última compra...)?

Con respecto al período de cálculo se suele usar el final de un período (mes, año...). A veces, para mejorar el valor, poco antes del cálculo se decide no comprar, jeje.

Creemos que es mejor calcular el valor de la rotación diariamente, esto es, número de unidades (euros, kilogramos) que han salido en el día / stock final del día, e ir viendo esta evolución (e incluso calculando la rotación media en un horizonte de tiempo).

3. Cantidad de dinero en stock
   Lógicamente, el indicador clásico, que no merece casi comentarlo, es la cantidad de dinero (€) en stock.

1.5. Valoración de stocks

Después de analizar los costes de los stocks y los indicadores, resulta pertinente presentar los diferentes criterios de valoración del stock. Es decir, cómo las unidades disponibles en stock se valoran, ya que el número de unidades existentes en stock multiplicadas por ese valor representan la cantidad de dinero que hay en stock.

Método del coste o precio medio ponderado

Aunque no es el único sistema aceptado, es el método recomendado por el Plan General Contable. Se suele emplear cuando, en un almacén, se producen entradas del mismo producto en lotes diferentes y con precios distintos.

Con este método, cada una de las entradas se anotan a su precio de coste o fabricación, mientras que para las salidas se calcula una media ponderada de todos los precios de adquisición en conjunto.

La técnica del Precio Medio Ponderado se utiliza, sobre todo, para productos o artículos con las dos siguientes características: su coste aumenta año tras año y no tienen preferencia de venta.

Método FIFO (First In, First Out)

El método FIFO está también aceptado en España y se basa en el siguiente supuesto: se considera que los productos que se compraron primero son los que tienen preferencia de venta. Dicho de otro modo, el producto que entre antes en el almacén será el primero en salir. Este procedimiento es idóneo para los productos perecederos, con el fin de evitar su deterioro o imposibilidad de consumo por las fechas de caducidad.

Este sistema tiene también en cuenta los daños o pérdidas de valor que pueden sufrir las existencias mientras se encuentran almacenadas. Por lo tanto, son contabilizadas con el objeto de poder ajustar correctamente la contabilidad de la empresa.

Método LIFO (Last In, First Out)

Se trata del método contrario, es decir: se considera que el primer producto en abandonar las existencias es el último que se ha comprado. No es un método demasiado lógico y su única ventaja teórica es poder minorar los resultados en caso de subidas de precio, y de esta forma pagar menos impuestos.

De todas formas, este método no está aceptado en España, al no estar permitido en el Plan General Contable.

Otros métodos de valoración de existencias autorizados

Existen otras dos formas de valorar el inventario que, pese a no estar tan generalizados, sí son utilizados por algunas empresas:

Coste estándar. Se estiman los costes en base a históricos, por lo que es un método útil en entornos industriales donde resulta muy complicado calcular exactamente el valor del stock, por intervenir factores muy variados y fluctuantes: precios de las materias primas, suministros o mano de obra, nivel de eficiencia, etc. No obstante, si las condiciones cambian de manera significativa, las empresas tienen la obligación de revisar las estimaciones.

Método de los minoristas. En esta ocasión, el valor del inventario se calcula en base a un margen bruto medio. Se utiliza en empresas donde hay un gran movimiento de productos con un número tan elevado de referencias, que hacen muy difícil realizar una valoración contable exacta, por lo que se permite usar una estimación aproximada.

2. CONTROL
DE STOCKS

Tras el primer capítulo introductorio, en este aborda el control de stocks. Para ello se realiza, en primer lugar, un breve recorrido por el sistema de información para el control de stocks. Posteriormente, se presentan los diferentes estados en los que podemos encontrar a los stocks y los diferentes sistemas de codificación de las existencias. Cierra el capítulo un epígrafe con el recuento de existencias y los dos grandes métodos para realizarlo.

2.1. Sistema de información para el control de stocks

El sistema de información o de control de stocks es el medio que permite conocer en un momento dado la situación de las existencias.

Existen básicamente dos tipos de sistemas de información. Por un lado, los de revisión continua, que son aquellos en los que en todo momento se conoce la cantidad existente en stock, debido a que se actualiza cada vez que se produce una transacción, y por otro, los de revisión periódica, en los que sólo se conoce cada cierto tiempo (cada turno, diariamente, semanalmente, etc.).

Estos sistemas, a su vez, pueden estar basados, bien en procesos manuales y con soporte documental (ya casi desaparecidos), bien en procesos más automatizados y con soporte informático (lo más habitual).

Si bien se escapa de los objetivos de este libro, apenas existen dudas de que la informática y los sistemas de comunicación tienen una gran incidencia sobre los sistemas de control de stocks (y también de gestión de stocks). Los avances tecnológicos en el software y en el hardware, pero sobre todo en las comunicaciones, han abierto nuevas posibilidades en esta área.

Así, se puede mencionar, por un lado, la utilización de software específico para la gestión de stocks. En este sentido, la mayor parte de los ERPs (Sistemas de Información empresariales o *Enterprise Resources Planning*) existentes en el mercado, tanto para pequeñas como para grandes empresas, tanto de código abierto, como cerrado, disponen de módulos de control y gestión de stocks. Pero, asimismo, gozan de una notable difusión los denominados SGA (Sistemas de Gestión de Almacén o WMS *Warehouse Management Systems*), softwares específicos para la gestión de almacenes que permiten el control y la gestión de stocks. Lógicamente, será preciso conectar el ERP con el SGA (está conexión es más fácil si el ERP y el SGA son del mismo proveedor). Y, por supuesto, disponer de los correspondientes equipos de hardware, bien en la nube o en local o una mezcla de ambos.

Por otro lado, cabe mencionar el empleo de PDAs y/o tablets para la lectura de los códigos de barras o QRs, o arcos de radiofrecuencia para la lectura de etiquetas de RFID. Y, finalmente, la transmisión de información posible, tanto a través de redes locales, como de redes inalámbricas.

No obstante, si bien estas tecnologías facilitan el establecer un control continuo de la situación del almacén, esto no quiere decir que se deba estar incidiendo constantemente sobre dicha situación; o sea, que un control continuo de los stocks no implica una gestión continua de los mismos (como se verá en el próximo capítulo).

2.2. Estados del stock

Cuando se habla de niveles o cantidades de stock, surge la pregunta de a qué niveles se hace referencia. Por ello, llegados a este punto, debemos hablar de varios tipos o estados de stock de un producto desde el punto de vista de gestión. A continuación, se explica su ámbito conceptual (ver figura 2.1).

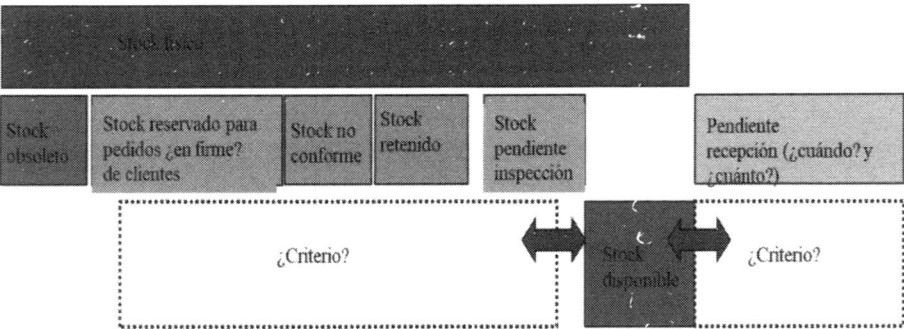

Figura 2.1. *Esquema de funcionamiento del concepto "estado" del stock.*

El primero de ellos es el stock físico, esto es, el stock que físicamente está presente en el almacén o almacenes de la empresa. Además, dentro del stock "físico" de los almacenes, nos podemos encontrar con que parte del mismo sea obsoleto (por ejemplo, caducado), o bien que ya esté reservado/comprometido para algunos pedidos de clientes (aunque, el producto aún esté físicamente en el almacén), o bien que sea producto no conforme (que en la actualidad no puede comercializarse, pero con alguna acción sobre el mismo podría ser empleado para la venta). Adicionalmente, nos podemos encontrar, dentro del stock físico, un stock de producto pendiente de inspección (ya se encuentra, físicamente, en el almacén, pero aún no ha sido revisado para confirmar si es o no válido). Por otro lado, existe un stock de producto que aún no ha llegado al almacén pero que ya ha sido solicitado al proveedor (stock pendiente de recepción).

Finalmente, se encontraría el stock disponible, esto es, el stock que realmente se debería emplear en el ámbito de la gestión (por ejemplo, para determinar el nivel de punto de pedido). Dicho "stock disponible" se suele construir con el stock físico al que se le añade el stock pendiente de recepción y al que se le resta el stock ya comprometido para pedidos.

No obstante, esta regla general puede ser matizada en función de si se descuenta o no el stock obsoleto, el stock no conforme o el stock pendiente de inspección. Incluso, el hecho de contar con el stock pendiente de recepción puede ser relativo en función de cuánto tiempo tarde en recibirse ese stock.

Todo ello, requiere un esfuerzo organizativo interno en las empresas para documentar y difundir los criterios que se emplean para ser rigurosos en la aplicación y la adaptación del modelo, y que este sea útil para las necesidades y adaptado a la casuística de la empresa.

2.3. Codificación e identificación de los artículos

La codificación es la forma o sistema que se utiliza para denominar a un artículo. Consiste en asignarle un código único que permita referirse a él de forma inequívoca, y evitar confusiones físicas e informáticas entre productos.

Por cierto, a veces, en lugar de hablar de código del artículo se usa también el término código de referencia (o simplemente referencia) o el anglicismo SKU (*stock keeping unit*) y que, generalizando, se usan como sinónimo de producto o artículo, referencia y SKU.

A la hora de elaborar el sistema de codificación de artículos deben tenerse en cuenta dos factores. Por un lado, la utilización de códigos numéricos o alfanuméricos (letras y números), y por otro, el que dichos códigos sean significativos (reflejen alguna o algunas características de los productos) o no significativos. No obstante, en este último caso, pueden dars e diferentes grados de significatividad (unas partes sí y otras no).

El decantarse por cualquiera de estas opciones tiene una incidencia clara en el sistema de control y gestión de existencias, por lo que a continuación se detallan una serie de consideraciones e implicaciones en el proceso de diseño (o rediseño) del sistema de codificación:

- La codificación significativa exige un mayor esfuerzo en el diseño y mantenimiento de los códigos de los artículos, ya que hay que considerar las características a contemplar, el número de dígitos necesario para las mismas, etc.
- El número de dígitos necesario para identificar los productos es superior en la codificación significativa, lo que incrementa, no sólo e l tiempo dedicado a su registro en el sistema de información (movimientos de entradas y salidas de productos), sino también el riesgo de cometer errores en este proceso de registro. Asimismo, cuando el número de referencias es elevado, la codificación significativa de cada producto no es tan fácil de recordar cómo, a priori, se pudiera pensar.
- Cuanto más heterogéneos son los productos que tenemos, más complejo es el diseño de un sistema de codificación significativo.
- Los códigos significativos presentan una menor flexibilidad a los cambios, a la introducción de nuevos tipos de productos, características, etc.
- La utilización de códigos significativos facilita la realización del control de productos por categorías o familias, dado que simplifica el tratamiento de datos por su carácter desagregado. Sin embargo, las mejoras tecnológicas de equipos y bases de datos han limitado el interés en el uso de estos sistemas significativos, dado que el código puede tener asociado el número y el tipo de características que se desee, sin que esto suponga su inclusión física en el mismo.
- El uso de un código numérico frente a uno alfanumérico agiliza el proceso de introducción de datos en el sistema de información (teclado numérico), aunque incrementa la longitud del código.
- En la actualidad, se ha ido extendiendo el uso de la lectura automática del código mediante lectores de códigos de barras, QRs o lectores de etiquetas RFID, lo que limita la importancia de la longitud y tipo de caracteres utilizados en la codificación.
- La ocupación inicial de un nuevo sistema de codificación (número de combinaciones de código ya asignadas a productos existentes) no debería ser superior al 30%, con el fin de evitar una posible saturación del sistema a corto o medio plazo.
- Finalmente, se debería prestar atención al método de creación y mantenimiento de nuevos códigos, estableciendo los procedimien-

tos y responsables que eviten distorsiones, redundancias y equívocos innecesarios.

Hoy en día, existe cierta tendencia a la utilización de una codificación no significativa (o mayoritariamente no significativa) dado que las tecnologías de la información y las comunicaciones (tanto a nivel de hardware como de software) están facilitando la resolución de los inconvenientes que presentan con respecto a los sistemas de codificación de tipo significativo.

En este contexto, se encuadran las propuestas de codificación estándar promovidas por AECOC en el mercado de consumo que, por su potencial interés, detallamos.

La Asociación Española de Codificación Comercial (AECOC) nació en España en 1977 con el objetivo de eliminar ineficiencias a lo largo de la cadena de suministro, en particular en el ámbito de la codificación y el uso de escáneres lectores de códigos de barras. Esta asociación, formaba parte desde un inicio de EAN International (EAN: European Article Number), organismo encargado de gestionar la estandarización de los códigos de productos en las transacciones comerciales junto con su homólogo americano UCC (Uniform Code Council).

Como seguro se sabe, ambas asociaciones, EAN International y UCC se fusionaron en el año 2005 para constituir la entidad GS1 con presencia en más de 150 países que trabaja, entre otros ámbitos, en la definición de estándares tecnológicos que se aplican a la cadena de suministro, tales como los códigos de barras, el comercio electrónico (eCom), la sincronización de datos (GDSN) y el Código Electrónico de Productos (EPC Global).

Entre los códigos estándares de productos promovidos por AECOC, representante de GS1 en España, se encuentran el GTIN-13 (antes denominado EAN 13), el GTIN-14 (antiguamente, DUN 14) o el GS1-128 (ex EAN 128). De todos ellos, el más popular es el código GTIN-13, código numérico y no significativo de trece dígitos que tradicionalmente se presenta en lenguaje de código de barras y tiene una presencia mayoritaria en los puntos de venta del mercado de consumo. Su estructura es la siguiente:

- Los 8 primeros dígitos constituyen el prefijo GS1 de empresa.
- Los cuatro dígitos siguientes son definidos por el fabricante/comercializador para diferenciar cada uno de sus productos.
- El último dígito es una variable de control, que facilita que al realizar la lectura automática del código con un algoritmo específico se verifique que ésta es correcta.

El código GTIN-14 está pensado en ser impreso y adherido en una superficie rugosa (por ejemplo, una caja de cartón), facilitando la lectura automática en los puntos de venta y en los almacenes. En este código, sobre la base de la estructura del GTIN-13 se le añade al inicio un dígito adicional que indica el nivel de agrupación del producto respecto a su envase y embalaje (ver estructura jerárquica del sistema de envase y embalaje en la figura. Este código facilita, mediante una lectura automática del código de barras ágil y fiable, que se den entradas o salidas de almacenes del número de unidades de productos asociados al envase (envase primario), embalaje (envase secundario) y/o unidad de carga (envase terciario o palé).

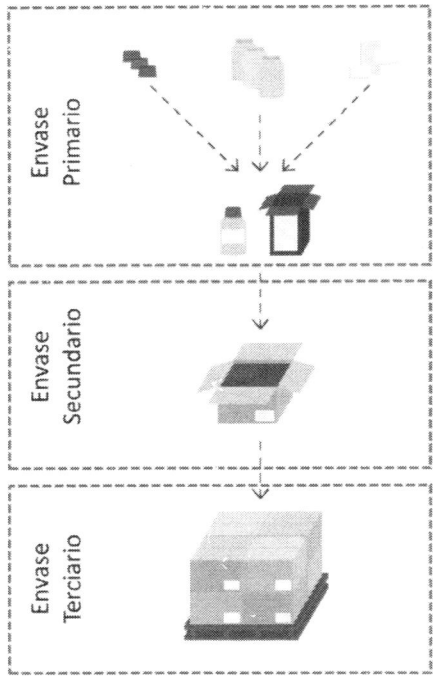

Figura 2.2. *Estructura del sistema de envase y embalaje*
(primario, secundario y terciario).

En relación con las unidades de carga típicas de los almacenes (los palés), indicar que en España la implantación de la paletización, comenzó tímidamente en los años 60, extendiéndose su uso durante las décadas de los años 70 y 80. Dimensionalmente, los tipos de palés más empleados en

España son el palé europeo o EUR (800 × 1200 mm.), típico del mercado de consumo, y el palé americano (1000 × 1200 mm.), empleados especialmente en el mundo industrial.

Por otro lado, otro código utilizado en el ámbito logístico, particularmente en los almacenes, es el GS1-128 (también con soporte de tecnología de códigos de barras), si bien, a diferencia del GTIN-13, su longitud y estructura es variable en función del tipo de información que sea necesaria (por ejemplo, el propio código GTIN 13, el GTIN-14, la fecha de envasado, la caducidad, el lote, la longitud, las dimensiones, el peso, el origen, el destino, el número de pedido del cliente, etc.).

Este código GS1-128 suele estar asociado a embalajes o unidades de carga. Asimismo, la parte de código que corresponde a cada campo de información (producto, fecha, lote...) puede ser alfanumérica o numérica y significativa o no significativa, en función del tipo de información a que haga referencia. Para ello, existen unos indicadores de aplicación (o I.A.), que además de indicar el tipo de información, definen la estructura de esa parte del código.

2.4. Recuento de existencias

El recuento es el mecanismo que se emplea para verificar que los datos de los que se dispone sobre el número de referencias almacenadas y su cantidad se corresponden con la realidad.

La periodicidad de este recuento es variable. Como se sabe, en España es obligatorio realizar un recuento anual de existencias por parte de las empresas como parte del cierre del ejercicio contable.

Teniendo en cuenta estos aspectos, la periodicidad del recuento depende fundamentalmente de la fiabilidad del sistema de información y del número de referencias a recontar. Lógicamente, en general, esta fiabilidad es mayor con el empleo de tecnologías en el control de stocks (códigos de barras, QRs, lectores de los mismos, sistemas de radiofrecuencia ...) y, sobre todo, del orden y la disciplina

Así, cuando el número de referencias es elevado, la realización de recuentos cíclicos o continuos (parciales y rotativos) surge como una alternativa muy válida, auditando los niveles de stock de referencias, grupos o familias de productos con una frecuencia mayor, dependiendo, obviamente, de la importancia de cada grupo.

Entre los criterios para elegir esa frecuencia estarían realizar el recuento cuando se está preparando un pedido de esas referencias, o cuando se recepciona material de esas referencias, o cuando se detectan stock cero o valores negativos de ellas o cada cierto número de movimientos...

Por otro lado, a la hora de realizar el recuento, existen dos sistemas. El denominado recuento "ciego" (donde sólo se facilita la lista de referencias) o con "lista" y cantidades. El recuento "ciego" es el más fiable, evita "trampas" por parte del contador, si bien, como inconvenientes, cabe destacar que es más lento y conduce a una tasa de recuentos posterior mayor.

No obstante, hay que tener muy presente que el hecho de realizar un recuento supone incurrir en coste, generalmente importante, y no añade ningún tipo de valor al producto.

Es por ello, que la solución al problema de tener una deficiente información sobre la situación de los inventarios no se debería alcanzar mediante un aumento del número de recuentos, sino a través de un análisis minucioso del procedimiento utilizado, con el fin de detectar y subsanar las posibles fuentes de error que hace que los datos registrados relativos a las existencias no coincidan, dentro de unos márgenes aceptables, con la realidad.

Partiendo de esta premisa y asumiendo la diversidad de productos existentes y sus peculiaridades de almacenaje, a continuación, se detallan una serie de pasos previos que colaboran a la consecución de un buen resultado a la hora de realizar un recuento:

- Localización de los materiales de modo que puedan ser fácilmente identificados e inventariados.
- Identificación clara y precisa de cada artículo almacenado, con el fin de evitar confusiones.
- Instrucciones claras y concisas que permitan conocer a cada persona su cometido; qué artículos inventariar, qué procedimientos debe emplear, etc.
- Formación del personal encargado de realizar el recuento.

Teniendo en cuenta estos pasos previos, ya se puede realizar el recuento, para el que se pueden identificar tres etapas:

- Recuento físico de las unidades almacenadas de cada artículo y registro de esas cantidades, típicamente mediante tarjetas o de forma informática vía, por ejemplo, PDAs.
- Verificación de las cantidades determinadas en la etapa anterior, bien por recuento de todos los artículos, bien sobre una muestra representativa de los mismos.

– Relación exhaustiva de todos los artículos almacenados y de sus existencias para cada departamento o almacén.

Una vez finalizado el recuento se produce el proceso de regularización del stock, esto es, se introduce en el sistema de información la cantidad resultante de dicho conteo. Suele ser muy recomendable registrar asimismo qué persona hizo esa regularización y el porqué (indicando cantidad anterior y cantidad nueva, justificación del cambio) para evitar regularizaciones sin control que puedan esconder comportamientos no adecuados de las personas (por ej., falsificar datos para ocultar sustracciones). Suele ser una buena política la que realizan algunas empresas en las cuales solo personas autorizadas pueden realizar estas regularizaciones, justificando asimismo las causas.

Finalmente, para aumentar la fiabilidad e ir reduciendo las variacionesentre las cantidades existentes en el sistema de información y las reales, se recomienda poner en marcha un mecanismo que ataque al problema, estructurado en las siguientes etapas:

1. Seleccionar una serie de referencias y realizar recuento con una determinada frecuencia (por ejemplo, semanal) para identificar causas más evidentes de errores.
2. Elaborar un plan de actuación sobre esas causas y redactar un procedimiento que recoja cómo actuar. Sensibilizar y formar a todo el personal implicado en el mismo. Implantar el nuevo procedimiento y controlar su cumplimiento.
3. Seguir recontando con esa periodicidad para ver el impacto de esa actuación y ver cómo mejora el sistema.
4. Extender a nuevos artículos.

3. GESTIÓN
DE STOCKS

Tras dedicar el capítulo anterior al control de los stocks, este capítulo aborda la gestión de stocks. Para ello, en primer lugar, se presenta la clasificación ABC o principio de Pareto (80/20), paso previo para clasificar los stocks y gestionarlos de forma diferente, en función del grupo al que pertenezcan. A continuación, se expone el planteamiento básico de la gestión de stocks con los diferentes sistemas existentes. Tras ello, se introduce la EOQ o cantidad económica de pedido, respondiendo a una de las preguntas de la gestión de stock que es cuánto pedir.

Posteriormente, el capítulo se adentra en la gestión de stocks con un planteamiento práctico y completado con un caso. Luego, se presentan dos sistemas muy útiles de gestión de stocks, especialmente relevantes para artículos poco importante (los C en la clasificación ABC) como son el sistema de los dos depósitos y el sistema Kanban. El Kanban se ilustra con un caso de aplicación en el servicio de la UVI de un hospital.

Y, finalmente, el capítulo se cierra con la presentación de un proyecto que realizamos en una empresa de fontanería industrial, consistente en el rediseño de su sistema de gestión de stocks.

3.1. Clasificación ABC

Habitualmente, los escenarios de gestión de existencias presentan un volumen considerable de artículos mantenidos en inventario. En estas situaciones con múltiples artículos, se observa una relación (determinada a partir de datos empíricos) entre el porcentaje acumulado de artículos y la contribución porcentual de los mismos a la demanda anual (expresada esta en términos monetarios), relación que muestra una notable regularidad estadística. Según esta relación, un pequeño porcentaje de los artículos mantenidos en existencia representa la mayor parte de esta demanda anual, mientras que existe un gran porcentaje de artículos cuya contribución es muy pequeña. Esta propiedad permite una clasificación de los artículos que guarda una relación estrecha con la importancia relativa de éstos.

Así, el polímata italiano Vilfredo Pareto (1848-1923) estableció matemáticamente una relación empírica que, inicialmente, se aplicó al mundo de la economía, y, posteriormente, se ha ido adaptando a diferentes apartados de gestión, particularmente, a la gestión de stocks.

Esta relación aplicada a la gestión de stocks (Principio de Pareto o Clasificación 80/20; ver figura 3.1), establece que un pequeño porcentaje de los artículos en stock (20%) representa la mayor parte de la demanda anual en términos económicos (80% de los euros), mientras que existe un gran porcentaje de artículos (80% restante) cuya contribución a esta demanda anual es muy pequeña (un 20% de los euros). Esta propiedad permite clasificar los artículos en base a su importancia relativa y, consecuentemente, establecer actuaciones diferentes en la gestión de stocks en cada grupo, como posteriormente se verá.

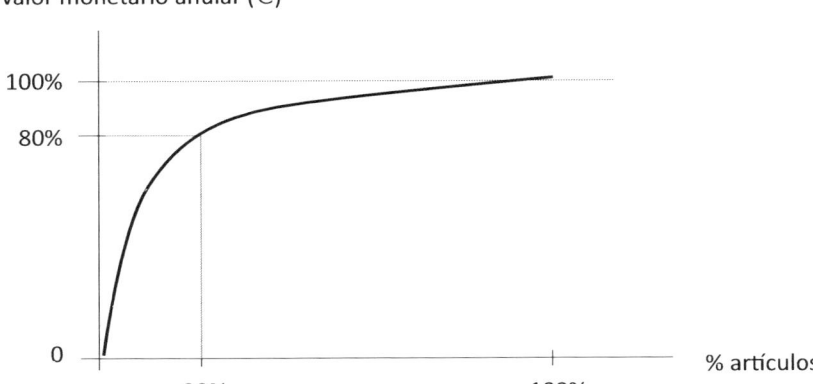

Figura 3.1. *Clasificación 80/20 o Principio de Pareto.*

Una denominación equivalente a este concepto es la de la Clasificación ABC donde se establecen tres grandes categorías de productos A, B y C (ver figura 3.2.).

En el caso de considerar las tres categorías, los artículos de A son un porcentaje pequeño pequeño del total de artículos, (arbitrariamente, del 3 al 10%) del total de artículos, pero su aportación a la demanda total en unidades monetarias representa cerca de un 50%. De ahí su importancia y el que convenga un control y una gestión más estrecha sobre los mismos.

Los B tienen una importancia secundaria con respecto a los A, representando aproximadamente el 50% de los artículos y un 35% de contribución a la demanda y requiriendo, por ello, una atención no tan prioritaria como los primeros.

Los C son los más numerosos y suponen una baja contribución a la demanda total.

La citada figura 3.2 muestra un ejemplo donde se puede observar la representación gráfica resultante de enfrentar el número de unidades con su valor monetario.

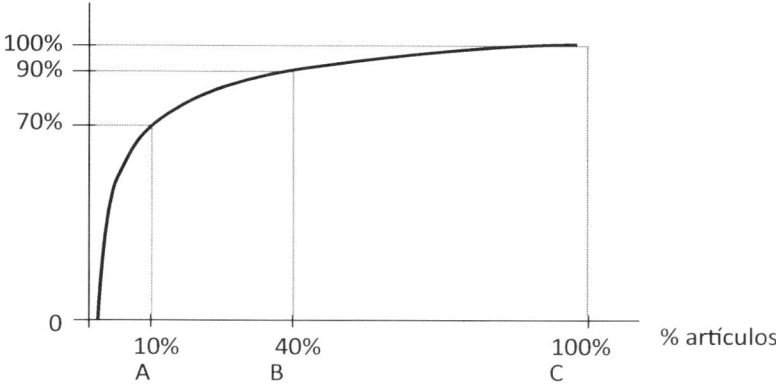

% valor monetario anular (€)

Figura 3.2. *Clasificación ABC.*

A mayores de este planteamiento teórico, a continuación en la Tabla 2.1., se presenta una clasificación ABC de referencias de una empresa real. En la misma se observa que las cantidades resultantes en cada categoría son orientativas y que cada empresa adapta los grupos a sus necesidades y a su mejor criterio.

Tabla 3.1. *Caso real de una clasificación ABC*

	Nº Referencias	Acumulado % Referencias	Ventas	% Acumulado ventas
Productos A	26	9,1%	5,2 M €	70%
Productos B	38	13,5%	1,5M €	90%
Productos C	219	77,4%	0,7M €	100%
TOTAL	283	100%	7,4 M €	

No obstante, si bien el criterio básico para establecer la importancia de los diferentes productos en el stock es el económico, a este se le pueden añadir algún otro criterio (o algunos) que enriquezca la gestión, adaptándola a ciertas características y limitaciones de los productos. Entre estos criterios adicionales se podrían citar la criticidad (por ejemplo, en repuestos de mantenimiento el posible impacto de no tener el repuesto ante una avería), la caducidad (por ejemplo, en productos de alimentación, el riesgo de que el stock que tenga en almacén supere la fecha de consumo preferente), el espacio disponible en almacén (por ejemplo, productos de pero que ocupan mucho volumen físico en almacén) o la rentabilidad (por ejemplo, el margen bruto o neto que el producto puede aportar a los beneficios de la empresa).

En la práctica, la adición al criterio económico de alguno de los criterios anteriores transformaría la clasificación ABC en una matriz ABC, si bien, conceptualmente, los principios básicos se mantendrían. Así, en el ejemplo presentado en la figura 3.3. la categoría A incluiría aquellas referencias con mayor impacto económico en las ventas y el mayor impacto en el espacio ocupado en el almacén, esto es, AA, AB y BA

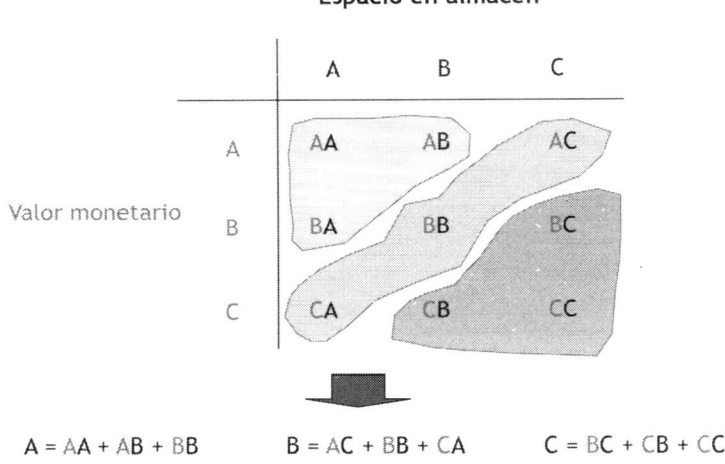

Figura 3.3. *Ejemplo de aplicación de la clasificación ABC multivariable.*

Cierto es que no suele ser habitual ver en las empresas el empleo de más de un criterio (esa matriz), sino que, tras el criterio cuantitativo (ABC) se añade el cualitativo. Esto este sentido, si, por ejemplo, tenemos un artículo C que es crítico, se incluye en el grupo A y se gestiona como si fuera un A. Lo mismo se hacer con otros artículos con características especiales, incluyéndolos en la categoría que se estime más adecuada.

Aunque está más relacionada con la gestión de las compras, merece la pena recoger aquí la denominada matriz de Kraljic, explicada por su autor, Peter Kraljic, en un artículo publicado en la prestigiosa revista *Harvard Business Review* en septiembre de 1983 y titulado "*Purchasing must become Supply Management*", que complementa a la clasificación ABC.

En esta matriz, en el eje de ordenadas figura el impacto en los resultados del negocio (que en algunos casos se sustituye por la clasificación

ABC) y en el eje de abcisas el riesgo de suministro/estructura del mercado (*"Supply risk"*). La figura 3.4 ilustra esta matriz.

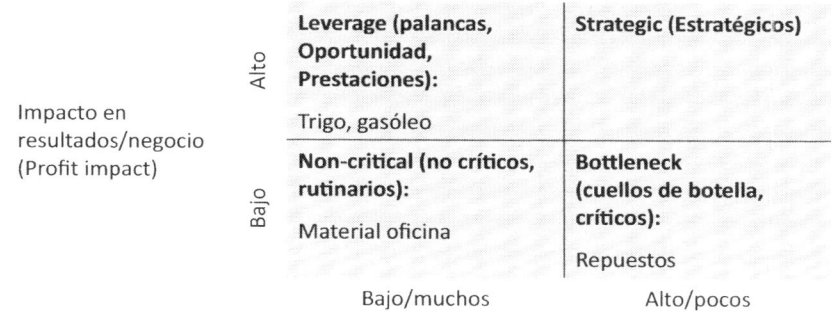

		Leverage (palancas, Oportunidad, Prestaciones):	Strategic (Estratégicos)
Impacto en resultados/negocio (Profit impact)	Alto	Trigo, gasóleo	
	Bajo	Non-critical (no críticos, rutinarios): Material oficina	Bottleneck (cuellos de botella, críticos): Repuestos
		Bajo/muchos	Alto/pocos

Figura 3.4. *La matriz de Kraljic.*

Por otro lado, la clasificación ABC no simplemente sirve para clasificar los artículos, sino que de ella emana una pregunta, cuya respuesta, a veces, no está clara en el mundo empresarial. La pregunta es:

¿Cuánto stock hay que tener de un artículo A o de un C en proporción a sus ventas?

¡Poco en los A y mucho en los C! A diferencia de lo que, a veces, hacemos en las empresas.

Porque si no la cantidad de stock total se incrementa sensiblemente.

Pero para ello es preciso que en los A se pongan en práctica las siguientes actuaciones:

1. Realizar un control más preciso de estas referencias. Se debe conseguir una exactitud absoluta entre el stock real y el que indica el sistema de información.
2. Afinar la previsión de la demanda. Se debe realizar un mayor esfuerzo en el cálculo de las previsiones de la demanda sobre estas referencias (que además son pocas referencias). Esta tarea es, tanto del departamento comercial en sus cálculos cualitativos, como del empleo de técnicas cuantitativas más sofisticadas (no resulta pertinente emplear técnicas sencillas como la media móvil ponderada basada en valores históricos).
3. Asegurar los plazos de entrega de los proveedores.
   El gráfico de la figura 3.5 muestra cómo las variaciones en la demanda y en el plazo de entrega impactan en el coste del stock. A medida que aumenta la variabilidad de la demanda y/o del plazo

es necesario disponer de un mayor nivel de inventario. Además, este incremento no es lineal, sino exponencial, por lo que el coste del stock crece de forma muy acusada.

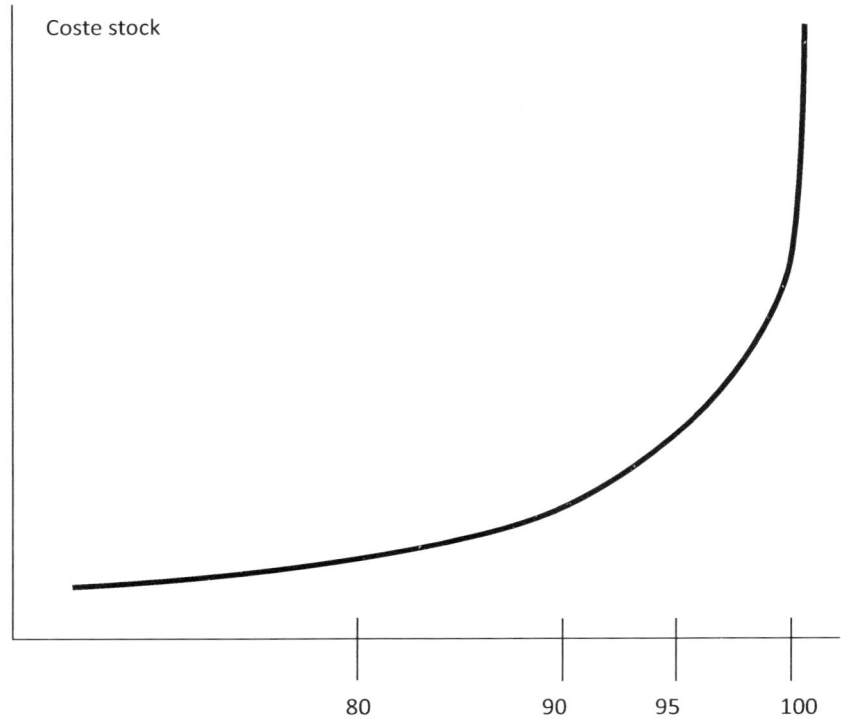

Figura 3.5 *Fiabilidad de stock ante variaciones de la demanda y del plazo (se traduce en stock de seguridad).*

Por otro lado, en los productos C se aplica una política de nivel de stock alto (con un impacto bajo en el dinero total en stock) que permite liberar recursos de gestión para la atención de los productos A. La idea es "olvidarse" de estos artículos y que casi se autogestionen. En los epígrafes siguientes de este capítulo, veremos sistemas para realizar esta gestión de stocks, concretamente el sistema de los dos depósitos y el sistema Kanban.

Lógicamente, si hay productos C con fecha de caducidad o riesgo de obsolescencia esta política no es adecuada.

3.2. Planteamiento básico de la gestión de stocks (modelo conceptual)

Como se ha mencionado anteriormente, la existencia de stocks supone incurrir en una serie de costes, siendo el objetivo de la gestión de stocks la minimización de dichos costes.

Teniendo presente este objetivo, un sistema de gestión de existencias debe dar respuesta a las tres preguntas siguientes:

1. ¿Cuánto hay en stock?
2. ¿Cuándo debe lanzarse una orden de pedido?
3. ¿Qué cantidad debe pedirse?

La primera pregunta está íntimamente relacionada con el sistema de información de control de stocks y hay dos opciones: conocer continuamente cuánto hay en stock o periódicamente. Es decir, en todo momento se sabe la cantidad que existe en stock de las diferentes referencias (continuo) o cada cierto período de tiempo (periódico).

Por otro lado, la respuesta a las otras dos preguntas se puede determinar, de forma cualitativa o en base a la experiencia, y/o mediante fórmulas cuantitativas.

El esquema siguiente resume las diferentes opciones existentes.

Sist. información	¿Cuándo pedir?	¿Cuánto pedir?
Continuo	Cuando stock llegue a un cierto nivel (s)	Una cantidad determinada (Q)
Periódico (R)	Al revisar (siempre)	Una cantidad determinada (Q)
	Cuando stock esté por debajo de un cierto nivel (s)	Hasta un cierto nivel de stock (s)

Combinando la respuesta a estas preguntas aparecen los sistemas denominados s,Q; R,S; R,Q; R,s,Q; R,s,S... que brevemente presentaremos.

Aunque en el siguiente epígrafe nos centraremos en gestionar los stocks de forma práctica, tal como se realiza en las empresas, merece la pena presentar estos sistemas "clásicos" de gestión de stocks.

3.2.1. Sistemas de revisión continua

En estos sistemas, en todo momento se conoce la cantidad en stock (revisión continua) y, por tanto, solo queda determinar cuándo pedir y cuánto pedir. El sistema más extendido es aquel en el que se realiza el pedido cuando el stock alcanza un nivel determinado (denominado s) y se pide una cantidad (Q), de ahí el nombre de sistema s,Q. Esta cantidad Q pedida en ese instante (al llegar a s) llegará tras ser entregada por el proveedor en su plazo de entrega, repitiéndose, a partir de aquí, el ciclo. El sistema queda definido por los parámetros s y Q.

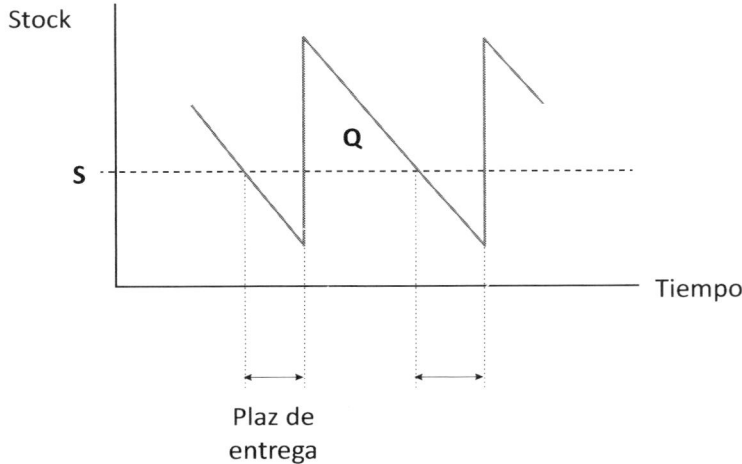

Figura 3.6.

El parámetro s se denomina punto de pedido o stock mínimo y debe cubrir la demanda prevista durante el plazo de entrega y un stock de seguridad, por si hubiera variaciones en la previsión de la demanda del mercado y/o en el plazo de entrega dado por el proveedor, y evitar romper el stock de esa referencia. Este stock de seguridad dependerá de la fiabilidad de la demanda (D) y de la fiabilidad del plazo de entrega del proveedor (pe).

Por tanto, el valor de s se expresa de la siguiente manera:

$$s = D \cdot pe + \text{stock de seguridad}$$

3.2.2. Sistemas de revisión periódica

En los sistemas de revisión periódica, como su nombre indica, sólo se revisa cada cierto tiempo (usándose la letra R para indicar este período de revisión).

Uno de los más populares es el sistema (R, S). Este modelo de gestión de stocks se basa en que se pide cada R unidades de tiempo una cantidad de producto que permite elevar el stock hasta un nivel máximo S (nivel de cobertura). Lógicamente R es el tiempo entre revisiones del stock.

El nivel de cobertura S puede establecerse mediante un cierto nivel de servicio, de forma que cubra la demanda durante el plazo de entrega y el período de revisión. En este caso, este nivel de cobertura sería igual a la demanda promedio durante el plazo de entrega y el período de revisión más un stock de seguridad.

Por su parte, el período de revisión R o tiempo que transcurre entre pedidos, vendría dado por el cociente entre la cantidad a pedir y la demanda.

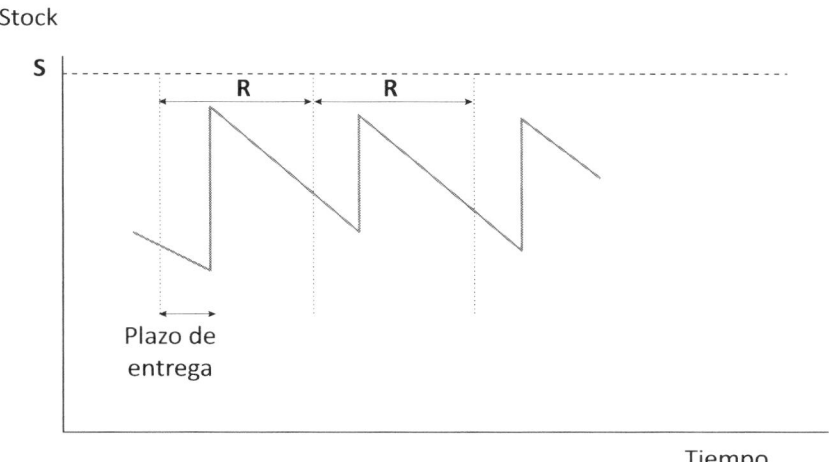

Figura 3.7.

Una variante del sistema de revisión periódica (R, S) es el denominado sistema de revisión periódica (R, s, S). La diferencia con el sistema (R, S) radica en que no siempre se pide cada vez que se revisa. Así, sólo se pediría en el caso de que el stock esté por debajo de un determinado nivel de alarma o punto de pedido (s), solicitando una cantidad Q para llegar a S. En la figura se expone el funcionamiento básico de este sistema. Evidentemente, cuanto más grande sea R (período entre revisiones), más se parecerá este sistema (R, s, S) al sistema (R, S), ya que es muy probable que cada vez que se haga la revisión sea necesario hacer el pedido (porque el stock disponible estará por debajo del nivel s).

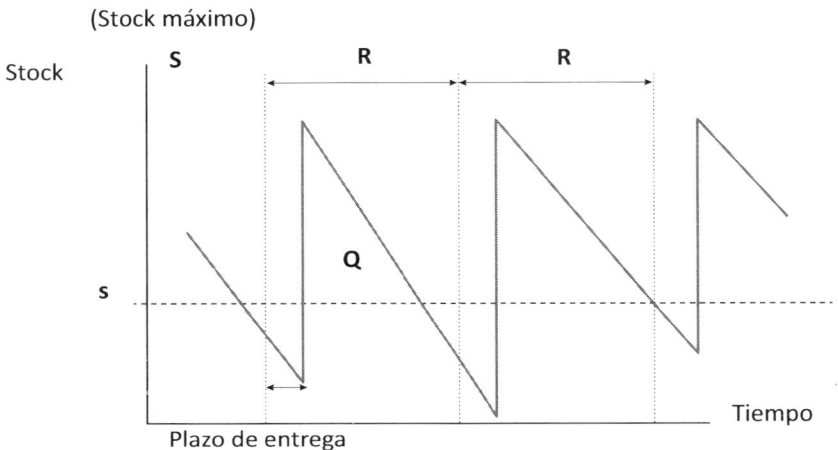

Figura 3.8. *Sistema R,s,S.*

Finalmente, señalar que los sistemas de las combinaciones restantes, correspondientes, por un lado, a considerar una revisión periódica y, al revisar, pedir una cantidad determinada, o, por otro lado, cuando el stock esté por debajo de un cierto nivel, pedir una cantidad determinada, se establecen de forma similar.

3.3. ¿Cuánto pedir? La cantidad económica de pedido (la EOQ o *Economic Order Quantity*)

Como se ha señalado, el cuánto pedir (Q) puede calcularse de forma cualitativa y/o de forma cuantitativa.

Cuando se calcula de forma cuantitativa, merece la pena recordar aquí el denominado método Harris (creador de la misma en 1912), o lote económico de pedido, o EOQ ("Economic Order Quantity") o fórmula de Wilson (consultor que popularizó la fórmula en 1917).

Este método se basa en una serie de hipótesis: la demanda es continua y se produce a una tasa constante, el proceso continúua indefinidamente, no se consideran restricciones, el aprovisionamiento es instantáneo, los costes no varían con el tiempo, no se permiten roturas de existencias y, finalmente, no existen descuentos por cantidad.

Ahora bien, la EOQ, pese a su antigüedad y a las hipótesis simplificadoras en las que se basa, sigue constituyendo un referente fundamental para la determinación de la cantidad óptima a pedir, al proporcionar el lote que minimiza de forma lógica y conjunta los costes de adquisición, almacenamiento y emisión de pedidos.

Realizadas estas consideraciones, la EOQ se calcula de manera que se minimicen los costes totales del stock (esto es, costes de adquisición, almacenaje y de emisión del pedido, ya que no existen costes de rotura).

Esto es, $$CT = D. \, c + (Q/2) \cdot r \cdot c + (D/Q) \cdot CE$$

En la fórmula anterior, CT son los costes totales, D la demanda en un período (por ejemplo, anual), Q es la EOQ, CE es el coste de emisión o de preparación de cada artículo, r es el coste de mantenimiento, expresado como un % sobre los € en stock en un período igual al de la demanda (por tanto, en este ejemplo, anual), y c es el coste de adquisición.

La figura 3.9. muestra la variación de los diferentes costes en función de la cantidad a pedir.

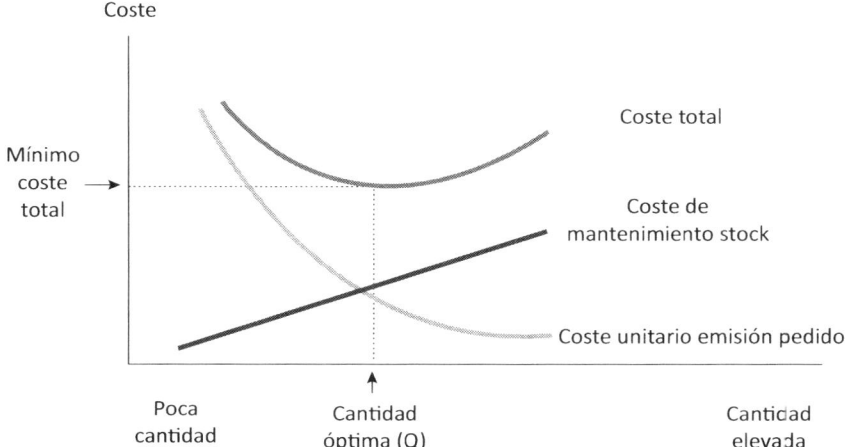

Figura 3.9. *Costes de los stocks y EOQ.*

Para determinar la cantidad óptima Q, que minimiza el coste total CT (Q), se utiliza un principio básico del cálculo: los mínimos (y máximos) de una función diferenciable se encuentran en los puntos donde su derivada es cero. Una vez hallado el punto crítico CT´(Q) igual a cero se verifica que la segunda derivada sea positiva, CT´´(Q) mayor que cero, lo que confirma que se trata de un mínimo.

Por tanto, en la fórmula anterior, se debe derivar con respeto a Q e igualar a 0:

$$CT = 0 = r \cdot c/2 - (D \cdot CE)/Q^2$$

Por tanto, Q

$$Q = \sqrt{\frac{2DCE}{r \cdot c}}$$

La figura 3.10 recoge el funcionamiento de la EOQ en un modelo de gestión de stocks de revisión continua (véase el epígrafe 3.2.1).

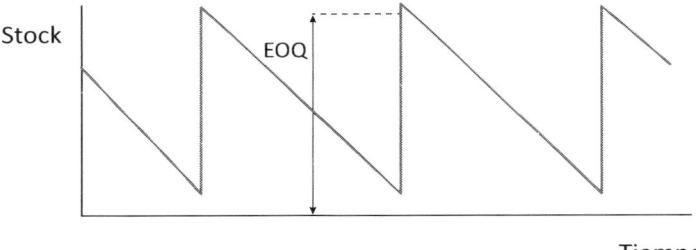

Figura 3.10. *El funcionamiento de la EOQ*

Por otro lado, debe recordarse que si se emiten grandes pedidos las existencias medias aumentan y, en consecuencia, los costes de almacenaje de los mismos se incrementan. Por ello, para reducir los costes de almacenaje deben pedirse menores cantidades más a menudo. Pero al pedir más a menudo se incrementan los costes de emisión o preparación.

La solución consiste, por tanto, en reducir los costes de emisión o preparación (presentados en el epígrafe 1.3.). Como es sabido (véase nuestro libro en esta misma colección titulado *Fundamentos de gestión de la producción*), la disminución de los costes de preparación de la maquinaria se logrará mediante el análisis detallado del tiempo de preparación unido a una buena dosis de ingenio, mientras que para reducir los costes de emisión de compra es preciso realizar una simplificación del proceso de compra y un cambio en las relaciones con el proveedor. La reducción de los costes de emisión o preparación conlleva una disminución en las cantidades requeridas en cada pedido (menores EOQ) y acercarse, como ideal, a tamaños de lote de pedido de una unidad, tal como muestra en la figura 3.11.

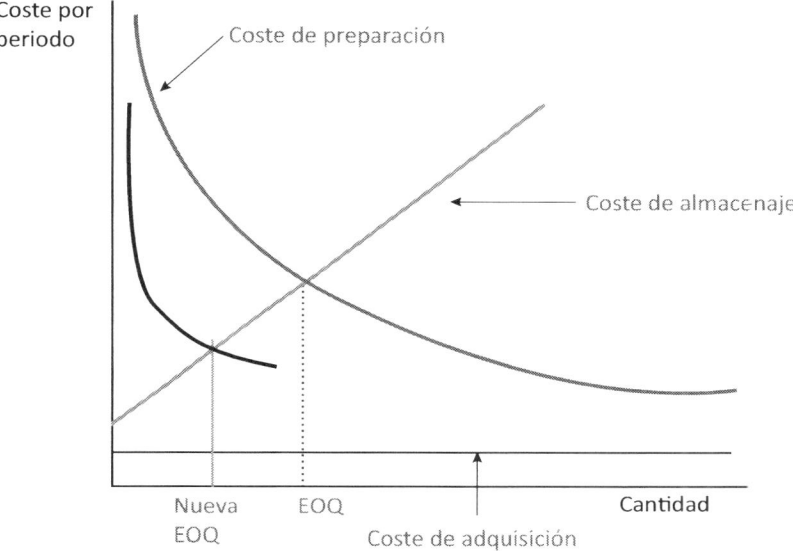

Figura 3.11. *Consecuencias de la reducción de los costes de emisión y almacenaje*

En la práctica, muchas empresas tienden a minorar los costes de emisión o preparación (incluso por desconocimiento) lo que podría facilitar conceptualmente realizar pedidos pequeños y de forma muy frecuente. Sin embargo, las empresas suelen encontrarse con restricciones impuestas por el proveedor (típicamente, cantidad mínima de fabricación, de embalaje y/o de transporte) que impiden realizar esos pequeños pedidos.

En cualquier caso, debemos tener en cuenta que para una cantidad de pedido mitad (Q/2) o doble (2Q) de la cantidad económica (lo cual supone variaciones significativas del lote óptimo), el coste total se incrementa menos de un 25%.

Ello se debe a que, si la cantidad económica se multiplica por un factor, el coste total resultante se incrementa según la relación mostrada en la siguiente expresión (cuya demostración excede el alcance de este libro, pero puede consultarse en cualquier manual de cálculo diferencial):

$$CT\ (k\ EOQ)/CT\ (EOQ) = ((1/k)+ k)/2$$

Por tanto, si k es 2 o 0,5, aplicando la fórmula se observa que el coste total aumenta solamente un 25%.

Finalmente, como hemos señalado, la EOQ, a pesar de su antigüedad y de las restrictivas hipótesis en las que se sustenta, es un punto de referencia en el estudio de la gestión de stocks. No obstante, para intentar solventar algunas de las restricciones planteadas en la EOQ, se han propuesto modelos complementarios al modelo básico, entre los que se incluyen:

- *Modelo de producción y consumo simultáneos:* En este caso, el artículo no se recibe de forma instantánea, o todo de una vez transcurrido el plazo de entrega, sino que es necesario un tiempo más o menos largo para completar dicha orden de producción, durante el cual el artículo está siendo simultáneamente fabricado y consumido.
- *Modelo con escasez de inventario:* En este modelo, se parte de las mismas hipótesis que en el modelo básico, pero se permite una situación de rotura de stock. Para ello, se supone que los clientes pueden estar dispuestos a esperar a que se disponga de un inventario mínimo para satisfacer su pedido. Se añade un coste a mayores por no servicio al cliente que se multiplica por el número de unidades pendientes de servir y por el período de tiempo sin servicio.
- *Modelo con descuentos en el coste de adquisición:* En este caso se resuelve iterativamente sobre el modelo EOQ, pudiendo existir dos situaciones diferentes: descuento a todas las unidades (rappel) o descuento de tipo incremental.
- *Regla de SilverMeal:* La heurística Silver-Meal también conocida como heurística del mínimo coste total por período (Least Period Cost, LPC) es una variación de la EOQ, en la que se selecciona una cantidad de reaprovisionamiento que minimice los costes totales por unidad de tiempo para un horizonte temporal sobre el que se va a calcular esa cantidad (no necesariamente la continuidad de la demanda que fundamenta la EOQ básica).
- *Heurística del coste mínimo por unidad* (*Least Cost per Unit;* LUC): Esta heurística busca determinar la cantidad que debe pedirse (o producirse) en el período, para que se minimice el coste total por unidad.
- *Heurística del equilibrio productos-períodos* (*Part-Period Balancing;* PPR): En este caso se resuelve de forma similar al anterior con la diferencia de que ahora se incrementa el período de análisis hasta que los costes de mantenimiento del stock se igualen a los costes de emisión del pedido.

- *Método de Wagner-Within:* Trata de establecer un conjunto de cantidades de reposición que minimice la suma de los costes de emisión y posesión en un período variable de tiempo (a determinar).

3.4. Gestión de stocks en la práctica

Tras revisar en el epígrafe 3.2. los diferentes sistemas de gestión de stocks, en la práctica, aunque se realice revisión continua de las cantidades existentes en stock, casi NUNCA se hace gestión continua, sino más bien una gestión periódica (diaria, semanal…).

De hecho, revisar se refiere a la frecuencia con la que se realizan pedidos al proveedor. Además, para evitar pedir de forma continua (lo que se conoce como nerviosismo) suele establecerse un día específico para hacer los pedidos (en muchas empresas se hace semanalmente, aunque en otras los pedidos se realizan varias veces a la semana). Lógicamente, cuanto mayor sea el período de revisión (por ej., pedidos semanales), mayor será el stock medio y menores los costes de emisión de pedidos.

Otra cuestión distinta es que el software del ERP señale en todo momento, mediante alertas, aquellos artículos que están por debajo de s (el denominado punto de pedido, que conceptualmente representa el momento en que debe realizarse el pedido), o bien que lo haga cada cierto tiempo, por ejemplo, al inicio de la jornada.

Además, la gestión casi NUNCA es por artículo si no por proveedor. En este sentido, se debe tener en cuenta las condiciones impuestas por los proveedores (pedidos mínimos, descuentos por cantidad…), la posible existencia de proveedores alternativos (merced a las mejores condiciones que puedan ofrecer) y/o de productos sustitutivos (no necesariamente por la rotura de stock de esas referencias).

Para ilustrar este aspecto, veamos el caso del suministro a una empresa láctea de envases (briks) por parte de sus dos proveedores (se ha omitido cierta información por razones de confidencialidad).

En el caso del primer proveedor, si la cantidad de envases de cartón que pide no supera el millón de envases, tiene un recargo de una cierta cantidad de euros por pedido. Además, el proveedor le ofrece la opción de combinar briks para alcanzar ese millón de unidades sin penalización. Así, por ejemplo, 200.000 (de A) y 800.000 (de B), o 400.000 (de A) y 600.000 (de B), siendo A y B los envases para los distintos tipos de leche, esto es, entera, desnatada, semidesnatada…

Para el segundo proveedor, el modelo varía con respecto al primero, ya que no permite combinar formatos, pero sí ofrece descuentos por cantidad, como los mostrados en la tabla 3.2. Por ejemplo, como se observa en la tabla, el proveedor ofrece un descuento del 6,48% en los briks de 1 litro si se pide entre medio millón y un millón de unidades, siendo, además, la cantidad mínima a pedir de un cuarto de millón de briks.

Estos ejemplos muestran cómo las condiciones impuestas por los proveedores, la existencia de proveedores alternativos y la capacidad de negociación de la empresa influyen en las cantidades a pedir, más allá del cálculo estrictamente científico derivado de la EOQ (*Economic Order Quantity*) (presentado en el epígrafe 3.3.). Asimismo también pueden determinar que la cantidad solicitada sea una Q hasta un valor máximo (como se verá en el epígrafe siguiente), entre otras posibles políticas de determinación de cantidades que pedir.

Tabla 3.2. *Ejemplo de condiciones impuestas por un proveedor*

Formato	Cantidad de pedido (en miles de unidades)							
	>170	>250	>300	>500	>550	>600	>1000	>2000
1L		x		−6,48%			−7,86%	−9,24%
1.5L	y		−1,57%			−3,14%		
2L	z		−1,18%		−2,68%			
0.2L		v		−6,46%			−7,85%	−9,23%

Y con respecto al plazo de entrega del proveedor (por cierto, ¿días naturales o hábiles?) debemos considerar no sólo el plazo que indica el proveedor, sino el denominado ciclo de compra: desde que se realiza el pedido al proveedor hasta que el artículo está disponible para su uso en la empresa (plazo del proveedor + plazo de empresa). Por ejemplo, en la empresa hay que recepcionarlo y darlo de alta, hacerle un control de calidad, etc. y, por tanto, se incrementa en ese tiempo el plazo del proveedor.

Ahora bien, dado que, en general, todos los sistemas de gestión de stocks son de revisión periódica (no continua) debemos calcular los parámetros de estos sistemas, esto es, s (s minúscula; punto de pedido o stock mínimo), R (período de revisión) y cantidad a pedir (Q) o hasta una máximo (S). Establecido cuándo revisar (R), diario, semanal…, faltaría determinar s y S.

Hablaremos ahora del cálculo de s o punto de pedido o stock mínimo (y en la resolución del caso que figura a continuación lo haremos de S). s minúscula debe cubrir la demanda (en días) durante el plazo de entrega (el del proveedor y el de la empresa, como hemos señalado) y el período de revisión (hasta que volvamos a hacer el próximo pedido) más un stock de seguridad.

El stock de seguridad dependerá, tal como se comentó, de la fiabilidad de la demanda, de la fiabilidad del plazo de entrega (proveedor) y de la fiabilidad del período de revisión. Cuánto más fiable sean, menos stock seguridad. Para calcularlo, se puede hacer en base a establecer categorías de proveedor (por ejemplo, fiable, regular, no fiable) y de demanda (lo mismo, fiable, regular, no fiable). También puede incluirse el tipo de referencia según la famosa clasificación ABC.

En base a todo ello, se calcula el stock de seguridad.

Es cierto que una reducción de R puede disminuir la necesidad de stock de seguridad al proporcionar una mayor capacidad de reacción, si bien el plazo de entrega y su fiabilidad tienden a ser factores más determinantes.

Por último cabe señalar, que, en muchas empresas, el valor del punto de pedido o stock mínimo (s) se fija como el doble de la demanda durante el período de revisión más el plazo de entrega, esto es, 2 d(pe+R). Es decir, se establece un stock de seguridad igual a d (pe + R), que corresponde a la demanda durante el período de revisión más el plazo de entrega.

3.5. Caso STOCKS

Este caso plantea, partiendo de los sistemas de gestión de stocks más habituales en el mundo real, la relación entre dos de los parámetros más importantes del mismo (el punto de pedido o s, y la cantidad a pedir (hasta un máximo o S)). Cabe señalar que este caso está extraído de un proyecto realizado en una empresa y del que se han extraído estas reflexiones y el cálculo de los dos parámetros s y S. El enunciado del caso figura a continuación.

Rosa se había incorporado a una empresa comercializadora de artículos de fontanería industrial en una conocida empresa gallega y le habían encargado que realizara una revisión de la gestión de stocks, tras la repentina "espantada" del anterior responsable.

Repasando sus apuntes de la Universidad, leyendo libros y buscando en Internet, Rosa tenía muchas dudas. El anterior responsable, Pepe, cada vez que un artículo llegaba a su punto de pedido o stock mínimo (s), lanzaba una orden Q al proveedor teniendo en cuenta la demanda histórica (calculada como la media de los tres últimos meses), su plazo de entrega y el stock de seguridad (que había estimado que fuese igual   a la demanda por el plazo de entrega). A Rosa le parecía que era un sistema demasiado "nervioso", pero el Gerente le dijo que así se minimizaba el stock y que el cálculo del stock de seguridad permitía no romper ("la demanda histórica no es muy válida para conocer las ventas futuras y las previsiones de comercial, que también podríamos usar, son poco creíbles"). Rosa tampoco tenía claro si este sistema de revisión continua era preferible a uno de revisión periódica (diario o semanal) y si los stocks se deberían gestionar referencia a referencia o de otra manera.

Rosa creía que sería mejor jugar con la demanda anual (doce últimos meses) para estos cálculos, mientras no se pusiera en marcha un buen sistema de previsión, y que era mejor un sistema de revisión periódica que uno continuo.

Eso sí, decidió aplicar criterios diferentes al analizar las tres grandes categorías de productos: bajo pedido, para stock y obsoletos. Para los artículos bajo pedido decidió que sólo se comprasen bajo demanda del cliente. La empresa consideraba como obsoletos a aquello artículos que no habían tenido ventas en el último año (representando el 0,21% del inmovilizado en stock). No supo qué hacer con ellos.

Valore el sistema actual y las propuestas de Rosa.

Por otro lado, a pesar de la opinión de gerencia, Rosa pensaba implantar un sistema R,s,S, pero no tenía muy claro cómo calcular el valor de s y de S y las implicaciones que tendría dicho cálculo. Rosa quería ajustar el stock y se comenzó a realizar simulaciones en Excel con una de las referencias (ver tabla) para calcular S, tras determinar s. El plazo de entrega del proveedor era de 22 días y estableció revisión semanal (7 días).

¿Cuál es el valor de s? ¿Debería S incluir stock de seguridad? ¿Qué pasa en la situación "laminar", esto es, tras haber realizado varios pedidos? ¿Qué valor de S?

Tabla 3.3

Datos		Uds
R	7	Días
P.E.	22	Días
s	¿?	Uds
St Ini	29	Uds
SS	0	Uds
D	1	ud/día

"¡Qué curioso!" –pensó Rosa. "Resulta sorprendente lo que se observa al analizar la evolución de los pedidos a lo largo del tiempo y cómo se refleja en el stock...".

En primer lugar, cabe señalar que no cabe duda de que un sistema de revisión periódica, con revisión y lanzamiento de pedidos semanal, resulta bastante razonable. La gestión de stocks se realiza por proveedor, tal como hemos señalado. Por otro lado, con respecto a los obsoletos, la solución figura en el epígrafe 3.9. titulado "Rediseño del sistema de gestión de stocks: una experiencia práctica".

No obstante, lo más interesante de este caso es el cálculo de S y su relación con s, tal como veremos seguidamente.

Previamente, para ayudar en la resolución del caso, figuran, a continuación, las variables y los parámetros utilizados, con sus abreviaturas empleadas y su significado.

Parámetro	Abreviatura
Demanda	d
Plazo de entrega	PE
Período de revisión	R
Demanda durante el plazo de entrega	dPE
Demanda durante el período de revisión	dR
Stock inicial	SI
Punto de pedido o stock mínimo	s
Cantidad máxima a pedir	S
Número de revisiones hasta primer pedido	x

Para iniciar la resolución del caso, en primer lugar, calcularemos el valor de s minúscula (punto de pedido o stock mínimo):

Debemos recordar que s es igual a la demanda durante el plazo de entrega (dPE) más la demanda durante el período de revisión (dR) más el stock de seguridad.

El plazo de entrega es de 22 días que suponemos que son naturales (si fuesen hábiles, esto es, excluyendo fines de semana y festivos, serían lógicamente más días). Asimismo, asumimos que, en cuanto llega el pedido, este está disponible para su uso. Por tanto, el plazo de entrega es 22 días.

Por su parte, como figura en la tabla, la demanda es 1 unidad/día y suponemos que la empresa vende los siete días de la semana. Por tanto, la demanda por el plazo de entrega es dPE = 22 · 1 = 22. Si la empresa solo vendiese de lunes a viernes (5 días) entonces el valor sería 1 · 22 · 5/7.

Y la demanda en el período de revisión es dR = 1 · 7 = 7

Por último, el stock de seguridad, tal como figura en el enunciado, es 0. Por tanto, s= 22+7+0 = 29.

Tras calcular s, falta establecer cuándo pedir y cuánto pedir. Con respecto a cuándo pedir, la regla es pedir al revisar, siempre que el stock esté por debajo de s (o sea igual a s).

Por tanto, hoy día 1 revisamos por primera vez. Entonces, este día 1 que hay 29 unidades de stock inicial (SI) y como s es 29, ya pedimos.

Por otro lado, en lo relativo a cuánto pedir, la respuesta es hasta un máximo (S mayúscula). Y se pide S – Stock disponible – Stock pendiente de recibir.

Por cierto, es política de cada empresa decidir si al stock disponible se le resta o no el stock de seguridad. En este caso, el stock de seguridad es nulo y no afectaría a la política de la empresa (lo tengamos o no en cuenta). Por otro lado, ¿cuánto debe valer S o stock máximo?

Se nos antoja interesante realizar una reflexión sobre el valor de S mayúscula y analizar qué ocurre.

A) S grande próxima a s pequeña

Pensemos un S mayúscula muy próximo a s minúscula (con lo cual estaremos pidiendo cada vez que revisemos). Por ejemplo, S mayúscula igual a 30 (recordemos que s minúscula es 29).

Las tabas siguientes indican qué sucede, mientras que el gráfico mue stra cómo va evolucionando el modelo hasta llegar a lo que llamamos "régimen laminar" o normal, en el que el proceso se repite indefiniame nte.

Resulta muy interesante preparar una hoja de cálculo, como hicimos nosotros, para ver esta evolución.

Por cierto, lógicamente partimos de la hipótesis de que no hay variaciones en la demanda, ni en el plazo (lo cual no suele suceder en el mundo real), porque este caso pretende reflexionar sobre el valor de S mayúscula.

Como se indicó, el día 1 que hay 29 unidades de stock inicial (SI) y s es 29, ya se pide. Como se ve en la tabla, al ser S=30, la cantidad a pedir (Q) será S– stock disponible Stock pendiente de recibir, o sea, Q = 30-29-0 = 1 que me llegará en 22 días.

Día	Uds en stock
1	29
8	22
15	15
22	8
23	7
23	8
29	2
30	1
30	8
36	2
37	1
37	8
43	2
44	1
44	8
50	2
51	1

Cuándo pido (día)	Cuánto pido: Q (uds)	Pendiente de recibir (uds)
1	1	0
8	7	1
15	7	8
22	7	15
29	7	21
36	7	21
43	7	21
50	7	21

Cuándo recibo (día)	Cuánto recibo (uds)
23	1
30	7
35	7
44	7
51	7

A los siete días volvemos a revisar, es decir, el día 8. Entre ese día 8 y el día 1, la demanda durante esos siete días fue, lógicamente, de 7 unidades y el stock disponible desciende a 22 unidades. La cantidad que pedir, al estar por debajo de s, será 30 – 22 – 1, esto es, 7. 1 es la cantidad pendiente de recibir del anterior pedido.

Y el proceso continúa de la misma manera. 7 días después, el 15, se revisa, el stock ha caído 7 unidades más, esto es, queda en 15, y la cantidad a pedir será ahora 30 – 15 – 8 = 7, siendo 8 la cantidad pendiente de recibir de los dos pedidos realizados, 1 más 7.

El 22 se revisa de nuevo y ya solo quedan 8 unidades (15 – 7); la cantidad a pedir será 30 – 8 – 15 = 7. Pero el día 23, 22 días después de haber realizado el pedido, llega el primer pedido (1 unidad).

El 29 se vuelve a revisar, queda 1 (8-7) y 1 que ha llegado, esto es, 2.

La cantidad a pedir será 30 – 2 – 21 = 7.

Y como se ve en la tabla, a partir de aquí entramos en lo que hemos denominado régimen laminar y el proceso se repite indefinidamente. ¡Como se puede ver resulta muy curioso!

Por cierto, que R sea un valor más grande o más pequeño no afecta, y lo mismo sucede con el plazo de entrega. Puede el lector realizar el cálculo y verá que es cierto.

B) Formulación matemática del sistema

Tras estos ejemplos, expresemos ahora estos cálculos de forma matemática.

El primer pedido se realiza en SI – xdR. Recuérdese que SI es el stock inicial y dR la demanda durante el período de revisión.

El valor de x, que representa el número de revisiones realizadas hasta que se pide por primera vez, se obtiene redondeando al siguiente número entero positivo el cociente (SI – s)/dR.

Por cierto, si SI < o = a "s", x será 0. Además, siempre se usará xdR como la multiplicación de x por dR (y también xdPE, la multiplicación de x por dPE).

Como se ve en el gráfico, antes de lograr el régimen laminar, el primer pico (día 23) se produce por la recepción del primer pedido y oscila entre dos valores. El valor mínimo es SI – dPE y aumenta la cantidad pedida, calculada como S – stock disponible – stock pendiente de recibir, siendo 1 en este caso.

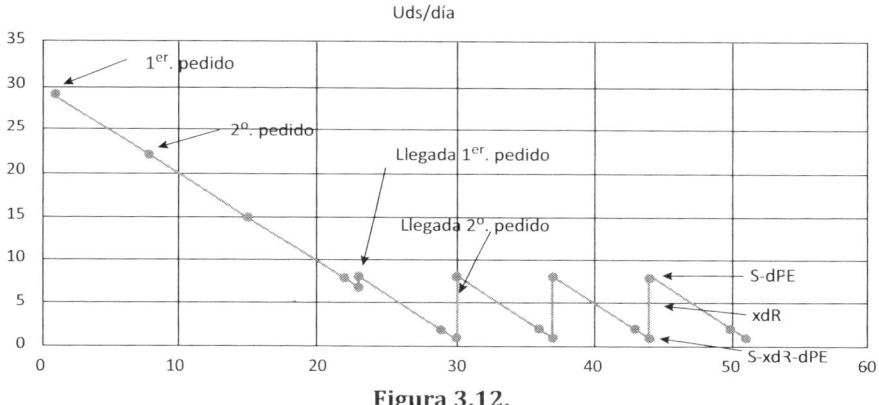

Figura 3.12.

Por su parte, el régimen normal/laminar se alcanza tras recibir el 2º pedido. La diferencia entre S y (xdR + dPE) es el punto más bajo en el régimen laminar (cuando se equilibra todo) y se repite la secuencia indefinidamente. Sube xdR y hasta S – dPE. Recuérdese que dPE es la demanda durante el plazo de entrega.

Como se puede observar en el gráfico, el régimen normal/laminar se alcanza tras recibir el 2º pedido.

Asimismo, la diferencia entre S y (xdR+dPE) es el punto más bajo en el régimen laminar (cuando todo se estabiliza) y la secuencia se repite indefinidamente.

Y el incremento del stock tras la llegada del pedido es x · dR es decir, la demanda correspondiente al número de revisiones que transcurren hasta que se vuelve a pedir después del primer pedido (o, si se prefiere, cada cuántas revisiones se solicita un nuevo pedido y se alcanza el valor S – dPE).

C) Opción de S grande siempre por encima de s pequeña

Como vimos en el ejemplo anterior si S está pegado a s, el stock está siempre por debajo de s. No pasa nada, pero, eso sí, existe el riesgo que supone no tener stock de seguridad (o poco) y que haya variaciones en demanda y/o en plazo y el riesgo de que se produzca una rotura de stock.

Y si se quiere no estar siempre por debajo de s, S tiene que ser s + d (R + PE). Véase, el siguiente ejemplo:

Día	Uds en stock
1	50
8	36
15	22
21	10
21	43
22	41
28	29
29	27
35	15
35	43
36	41
42	29
43	27

Datos		Uds
R	7	días
P.E.	6	días
s	29	uds
S	55	uds
SI	50	uds
SS	3	uds
D	2	uds/dpía

Se propone como ejercicio al lector el cálculo de todos los valores, siguiendo el mismo proceso comentado anteriormente. La siguiente gráfica muestra los resultados. Por cierto, no se ha restado el stock de seguridad del stock disponible al calcular la cantidad a pedir (según el criterio adoptado anteriormente).

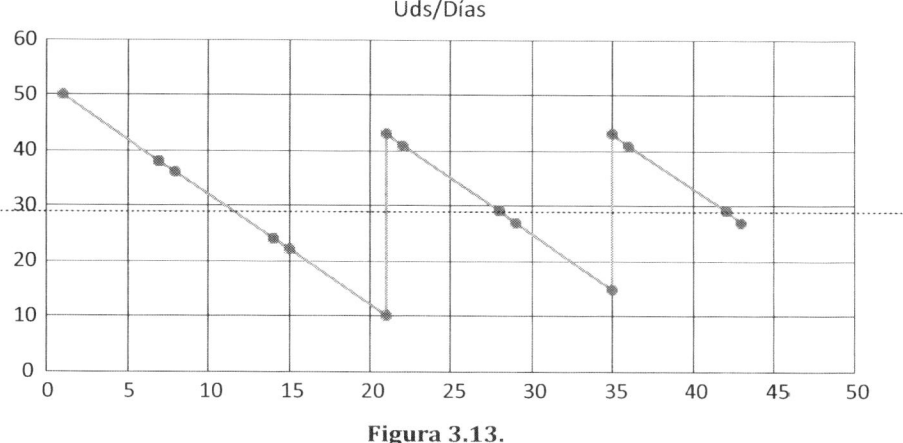

Uds/Días

Figura 3.13.

Puede observarse que el proceso se repite indefinidamente y se entra en el régimen "laminar" o normal cuando el stock alcanza la diferencia entre S y xdR + dPE. En este caso, S es 55, dR es $2 \cdot 7 = 14$ y dPE es $2 \cdot 6 = 12$. Por su parte, x, que es el número de revisiones que se realiza hasta que se pide por primera vez, se obtiene redondeando al siguiente número entero positivo el cociente $(SI – s)/dR$, por tanto, $(50 – 29)/14 = 21/14$ y el siguiente valor entero 2.

Por tanto, el régimen laminar se alcanza al llegar a 15 unidades de stock $(55 – 2 \cdot 14 – 12)$. A partir del día 35 el proceso se repite indefinidamente, si, tal como se señaló, la demanda y el plazo de entrega no varían.

D) Conclusiones del caso

Tal vez la primera conclusión sea que S (mayúscula) debe ser lo más próximo a s (pequeño) para pedir cada vez que se revise.

Ahora bien, es importante tener en cuenta que si se solicita de manera continua, esta política puede tener un impacto, tanto en el proveedor, quien deberá realizar entregas más pequeñas y frecuentes, como en el coste, ya que el proveedor podría intentar ajustar el precio para compensar este esfuerzo adicional. Asimismo, debe tenerse en cuenta en cómo afecta a los costes de la empresa al emitir pedidos, recepcionar y almacenar mercancía continuamente, costes que, lógicamente, se incrementarán.

Otro aspecto que considerar es que, a la hora de calcular S, debe tenerse en cuenta el stock pendiente de recibir (para no incrementar el stock).

Por otro lado, el stock de seguridad debe existir, tanto en s, como en S, ya que, si no se incluye en ambos, es cómo si no existiera. Véase el siguiente ejemplo aclaratorio. Si el plazo de entrega fuese 3 días y se revisase cada 7 días, con una demanda diaria de 1 unidad, s sería 10 (demanda por plazo de entrega más demanda del período de revisión). Si el stock de seguridad fuese, por ejemplo, 4, s sería 14. ¡¡Pues S tendría que ser al menos 15 (11+4)!!

En resumen, S tiene que ser al menos s (y s con stock de seguridad).

Finalmente, como se ha visto, el objetivo de este caso ha sido mostrar la relación entre el punto de pedido o s (minúscula) y la cantidad que se pide (hasta un máximo o S (mayúscula)) y las consecuencias del establecimiento de los valores de ambas.

3.6. Sistema de los dos depósitos o *two bin system*

Si bien se ha señalado que los sistemas de revisión continua tienen una aplicabilidad limitada, el sistema de los dos depósitos *(two bin system)*, que es un sistema de revisión continua, resulta uno de los más sencillos y extendidos, especialmente para los artículos tipo C. La operativa consiste en que cuando se termina el material del primer depósito, se pide otro y se consume del segundo (véase la figura). La cantidad Q está generalmente sobredimensionada, con el fin de hacer frente a posibles imprevistos relacionado con las variaciones de la demanda y del plazo de entrega.

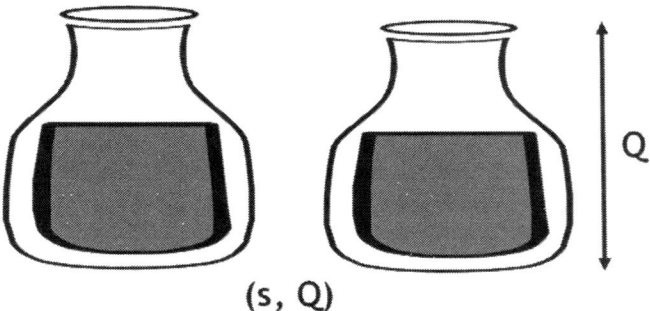

(s, Q)

Figura 3.14. *Los 2 depósitos o two bin system*

La aplicación de este sistema resulta muy útil, como hemos señalado, para artículos tipo C, incluso en empresas industriales, si bien en caso de productos con fecha de caducidad resulta poco recomendable. Del mismo modo, es necesario prestar atención cuando estos artículos gestionados de esta manera van a retirarse del mercado, ya que puede producirse la obsolescencia de los mismos. No obstante, debido a su bajo valor, es poco probable que generen una pérdida significativa en la empresa.

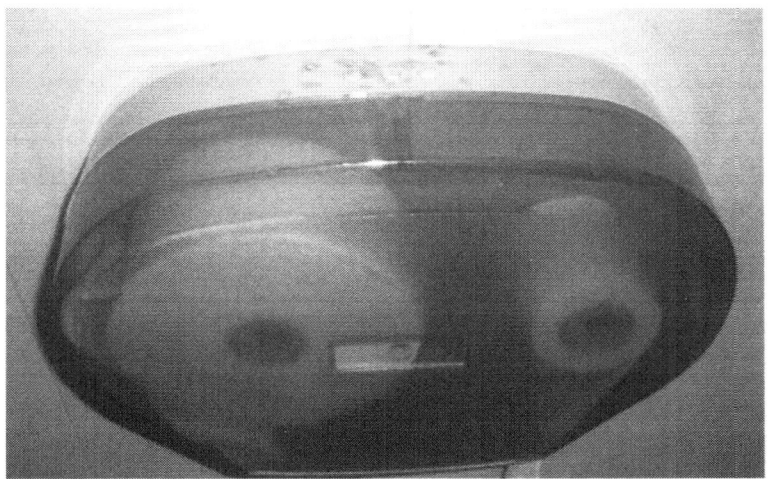

Figura 3.15. *Una aplicación "simpática" del sistema de los 2 depósitos.*

Como se puede observar, el funcionamiento de este sistema es muy simple. No obstante, su principal riesgo de error puede deberse al hecho de olvidarse de realizar el pedido. Para evitarlo, puede ser de gran utilidad colocar una orden de compra o un documento que la desencadene, en los propios depósitos o, como vemos en el siguiente ejemplo, un post-it en la última libreta (pero no nos olvidemos de retirarla y de realizar el pedido).

También, en algunos casos, en estos artículos, para evitar

Figura 3.16. *Un post-it antiolvido.*

olvidos, el proveedor suministra con una determinada regularidad esos productos C (en base a la estimación de consumo de los mismos).

Finalmente, es posible aplicar el sistema de dos depósitos combinado con un sistema de gestión visual –como el *"visual management"* y la metodología 5S– tal como se muestra en la figura siguiente. La figura ilustra la gestión de stocks en una fábrica. Lógicamente, como cualquier sistema, requiere un control y una disciplina para garantizar el cumplimiento exquisito de las posiciones de cada referencia y de sus cantidades.

Figura 3.17. *Dos depósitos y gestión visual*

3.7. Kanban y gestión de stocks

Como es bien sabido, el kanban es un sistema de información que da soporte a los sistemas logístico-productivos de tipo pull. Se basa en el uso de tarjetas –kanban significa "tarjeta" en japonés–, donde cada tarjeta representa una cantidad determinada de producto, normalmente asociada a una unidad de envase o embalaje, como una bolsa, caja, o palé. El sistema controla y desencadena la producción de los productos necesarios, en las cantidades adecuadas y en el tiempo preciso, entre distintos procesos dentro de la compañía (e incluso entre la compañía y sus proveedores). Es uno de los elementos clásicos del sistema *Just-in-time* o *lean,* desarrollado originalmente por la compañía japonesa de automóviles Toyota

Sin embargo, nos interesa hablar del Kanban para gestionar stocks, pero no entre dos procesos productivos, sino en empresas de servicios.

Para poder implementar un sistema Kanban es necesario emplear diferentes elementos que, gracias a su simplicidad, pueden ser sustituidos por otros que cumplan la misma función, siempre y cuando el flujo de información no se vea afectado. Principalmente, los elementos que utilizar son dos: la tarjeta y el tablero, buzón o casillero.

Las tarjetas Kanban son el corazón del sistema, ya que representan la señal visual que autoriza el movimiento, la producción o el reabastecimiento de materiales. Cada una de las tarjetas representa una cierta cantidad de producto que se determina, generalmente, por la unidad de contención del mismo (bolsa o paquete, caja, palé, etc.). El número de tarjetas en circulación, una vez calculado, es fijo (salvo que varíe alguno de los parámetros empleados para calcularlo, lo que obligaría a un recálculo de las tarjetas) y en ningún momento debe salir ninguna tarjeta del proceso, ya que este funciona de forma cíclica.

Una tarjeta debe contener, al menos, los siguientes datos:

- La referencia del producto que representa.
- La cantidad de producto que simboliza.
- El número de orden de la tarjeta, en relación al número de tarjetas totales.
- El tablero al que pertenece (si hay más de uno en la empresa).

El tablero, buzón o casillero Kanban es el segundo elemento fundamental del sistema, ya que permite visualizar y organizar el flujo de trabajo o materiales representado por las tarjetas. Se trata de un elemento básico para estructurar el sistema, principalmente porque, para controlar las cantidades de producto que las tarjetas kanban representan, es necesario tenerlas presentes en un lugar visible y ordenado.

Vamos a explicar, como ejemplo ilustrativo, el funcionamiento de un tablero para gestionar pedidos a proveedores externos.

El tablero estará dividido en varias columnas (una por referencia que gestionar), y en cada una debe existir un número de posiciones, con tantos soportes como tarjetas kanban en circulación para esa referencia. Para los soportes se suelen emplear simples alcayatas en las que se puedan colgar las tarjetas. Por supuesto, el número de tarjetas puede ser distinto para cada referencia (y, en general, lo es). En los citados soportes se irán colgando las tarjetas a medida que se consuma su unidad de contención asociada, lo que permite conocer la situación del sistema en todo momento gracias a las ventajas de la gestión visual. En la parte inferior del tablero suelen situarse unos casilleros (uno por referencia), para depositar las tarjetas una vez realizado el pedido (por supuesto, puede usarse cualquier otro dispositivo similar para ello, si bien éste resulta muy práctico).

En el tablero representado en la figura 3.18, el almacenamiento de tarjetas comienza desde la parte inferior. Esto da lugar a la formación de tres zonas en el tablero, marcadas por la existencia de una línea de "pedido voluntario" y otra de "pedido obligatorio".

Cuando, en cualquier referencia, las tarjetas asciendan hasta alcanzar la línea de pedido voluntario, esto significa que ya es posible realizar el pedido de esa referencia al proveedor, aunque puede esperarse algo más si resulta conveniente, hasta alcanzar la línea de pedido obligatorio. Cuando se alcanza este nivel, ya resulta imperativo realizar el pedido.

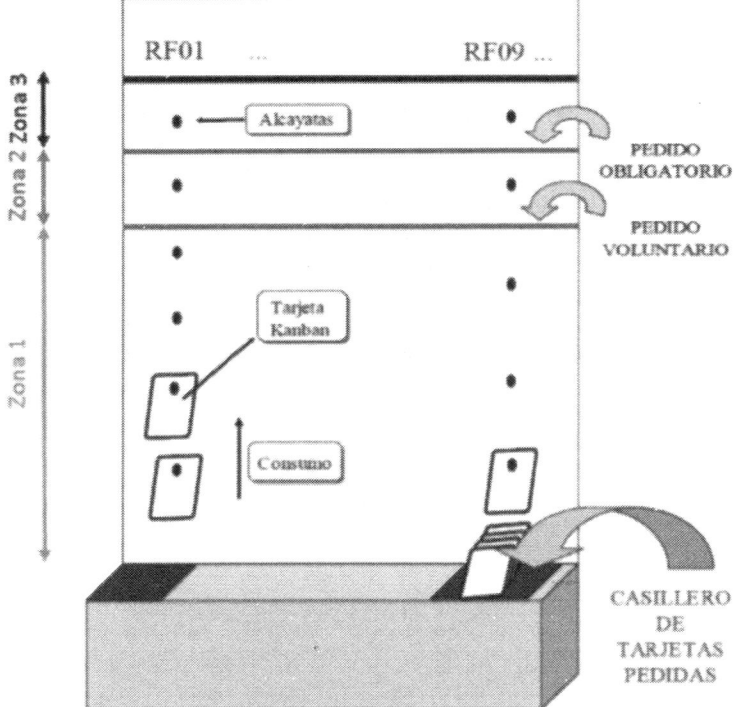

Figura 3.18. *El tablero kanban.*

En el momento en que se realiza el pedido de una referencia, cuya cantidad será la misma que representen las tarjetas de la columna correspondiente, se retiran éstas y se dejan en su casillero. Mientras el pedido está en curso, se reinicia la "escalada" de las tarjetas desde el inicio (primera alcayata desde abajo). En el momento en que las nuevas unidades de contención se reciben, las tarjetas del casillero se colocan en dichas unidades de contención. El proceso, por tanto, continúa de forma indefinida.

Por tanto, el tablero se divide en tres zonas, donde la presencia de tarjetas tiene diferentes significados:

- Zona 1: Es la primera zona de acumulación regular de tarjetas, que termina con la línea de pedido voluntario. La cantidad de posiciones será la que corresponda al lote óptimo, o, en su caso, el mínimo impuesto por el proveedor. No se debe realizar un pedido hasta alcanzar dicha línea de pedido voluntario, puesto que hacerlo supondría generar stock excesivo, más pedidos de los necesarios al proveedor, o, simplemente, no respetar dicho lote óptimo o mínimo exigido.
- Zona 2: Zona situada entre la línea de pedido obligatorio y voluntario. Su utilidad radica, entre otras razones, en dotar de flexibilidad al sistema (por ejemplo, poder agrupar diferentes referencias para realizar un pedido conjunto a un mismo proveedor). Por ello no puede señalarse un único método para calcular el número de posiciones, utilizándose en ocasiones criterios cualitativos.
- Zona 3: Es la zona situada por encima de la línea de pedido obligatorio. El número de posiciones por encima de la línea de pedido obligatorio representa la demanda del producto durante el plazo de entrega del proveedor e incluye además el stock de seguridad para prevenir roturas de stock en caso de variación de la demanda o del plazo de entrega. Sin duda, en un artículo C debe existir ese stock de seguridad, pero en los A mejorando las previsiones de demanda y asegurando el plazo de entrega este stock podrá reducirse.

La suma de posiciones en las zonas 1, 2 y 3 es el "circuito cerrado" de tarjetas kanban para una determinada referencia. Mientras no varíen las condiciones, como hemos señalado, no debe alterarse dicho número.

Aunque en este caso se ha explicado el sistema Kanban utilizando soporte físico, es evidente que también puede implementarse con soporte electrónico. Sin embargo, los sistemas basados en tarjetas y tableros o buzones físicos suelen resultar más intuitivos y fáciles de entender y utilizar para las personas. Esto, no solo facilita su manejo, sino que también contribuye a obtener mejores resultados y a fortalecer el compromiso y la identificación del equipo con los objetivos de la organización. En este sentido, el sistema Kanban puede resultar especialmente útil incluso en procesos productivos, ya que permite trasladar la gestión de referencias de bajo coste (en euros) al propio personal de la fábrica. Por ejemplo, en una empresa de confección, el Kanban puede emplearse para controlar elementos como perchas, botones o etiquetas, siendo gestionados directamente por los trabajadores. La figura siguiente muestra un ejemplo de tarjeta kanban que implantamos en una de estas empresas.

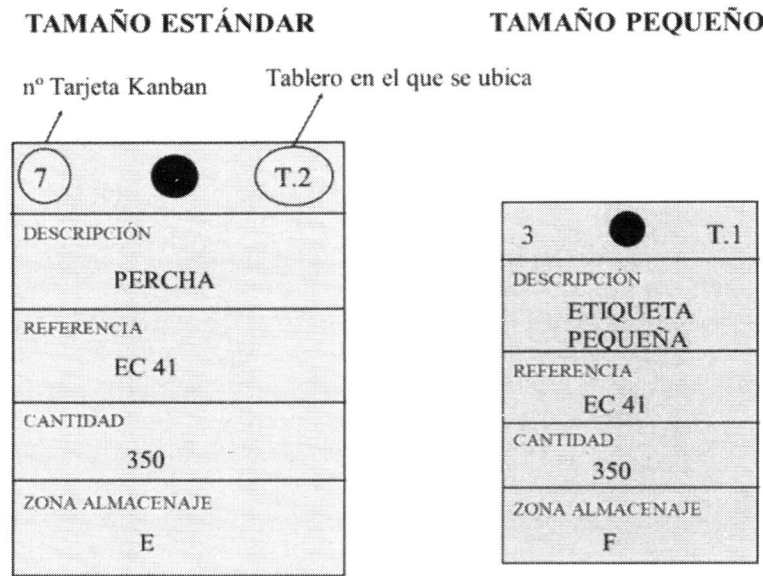

Figura 3.19. *Etiquetas Kanban en una empresa de confección.*

No cabe duda de que, aunque la idea del Kanban es muy útil, también presenta ciertos inconvenientes prácticos. Por ejemplo, en ocasiones las tarjetas Kanban pueden desprenderse de los embalajes, o es necesario rediseñar el tablero con frecuencia a medida que cambian las condiciones de la demanda o los plazos.

Por otro lado, sistema también lo hemos empleado para gestionar el stock de materias primas, concretamente tableros de madera (artículo ya no C), no usando un panel Kanban propiamente dicho, sino colocando la etiqueta Kanban en el propio paquete de tablero (véase la figura 3.20). Conforme se va n retirando tableros y se llega al punto de pedido, la tarjeta cae al suelo y se recoge para, posteriormente, realizar el pedido. Además, en la parte posterior de la tarjeta se indica la fecha de pedido (para conocer mejor la rotación de ese artículo) y la fecha de recepción (para llevar un control del plazo de entrega del proveedor). Ello permite adecuar el Kanban a los potenciales cambios de la demanda y del plazo.

Figura 3.20.

Para finalizar este apartado, presentamos un caso y su solución de implantación del Kanban.

3.8. Caso Kanban en la UVI

Para ilustrar el funcionamiento práctico del sistema kanban se presenta este caso.

El hospital LABUENA SALUD es una empresa que da cobertura sanitaria a unos 100.000 habitantes aproximadamente. El hospital realiza alrededor de 25.000 intervenciones quirúrgicas anualmente para sus pacientes de sanidad pública, 20.000 ingresos y 400.000 consultas médicas al año. Maneja un presupuesto anual de unos 120 millones de euros y su gasto en compras supera los 30 millones de euros.

El director del hospital y la responsable de aprovisionamientos, Teresa López (recientemente incorporada al hospital), asistieron recientemente a una sesión sobre "Gestión de Stocks en la Cadena de Suministro" y se quedaron gratamente impresionados de los conceptos planteados. Así que salieron de allí con el firme propósito de incorporarlos a su organización.

Para situarse en la problemática del Hospital, Teresa recorrió los distintos almacenes donde le indicaron que había stock (almacén general, de farmacia, de los distintos servicios) y que desde ese día ella tendría que gestionar.

Una vez conocida con cierta profundidad la problemática de su hospital, Teresa está deseosa por poner en práctica sus conocimientos iniciando una experiencia piloto en los almacenes de servicio.

Teresa se dirige a hablar con uno de los responsables de stock en uno de los servicios (concretamente, el de la UVI) para ahondar en la problemática de los mismos.

Pedro es el responsable de los stocks de la UVI. Según diversas fuentes, es uno de los más preocupados por la gestión de stocks, amén de persona muy competente, predispuesta al cambio y a la mejora.

Estos almacenes de servicio podían ser un espacio abonado para implantar un kanban con tablero, empezando por el de la UVI, para posteriormente extenderlo a otros servicios e informatizarlo (o combinar sistemas manuales e informáticos).

Pedro se mostró encantado con la sugerencia de Teresa y ambos diseñaron el sistema. Después se lo explicaron al personal del servicio (presentación a la que acudió la dirección médica para con su presencia prestar apoyo al proyecto) y recogieron un buen número de sugerencias.

Tras ello, lo pusieron en marcha.

La experiencia piloto la realizaron solamente con los distintos tipos de guantes empleados en la UVI, 12 referencias de las casi 350 existentes en la UVI (véanse los datos de consumo de estas referencias en la tabla siguiente).

Tabla 3.3. *Datos de consumo año 2.0xx de guantes en la UVI*

Código	Descripción	Enero	Febr.	Marzo	Abril	Mayo	Junio	Julio	Agosto	Sept.	Octub.	Novbr.	Dicbre.	TOTAL
6908	GUANTE EXAMEN DE LATEX T. GRANDE	2300	1200	2000	1800	2000	2100	2700	2800	2200	2700	3000	2800	27600
818	GUANTE EXAMEN DE LATEX T. MEDIANO	14200	11300	9800	10200	11000	10600	12000	9000	11400	11500	13900	12300	137200
6909	GUANTE EXAMEN DE LATEX T. PEQUEÑO	13900	12700	15200	14400	13200	11200	13300	13400	12500	12200	14000	13000	159000
16816	GUANTE EXAMEN DE VINILO T. MEDIANO (*)	0		900	100									1000
16384	GUANTE EXAMEN DE VINILO T. PEQUEÑO(*)	400	200	900	1200	600	1500	700	800	1000	1200		300	8800
3092	GUANTE PLASTICO DESECHABLE	3600	3300	3700	3300	4900	3700	2700	3100	3900	4800	5900	4900	47800
5795	GUANTE QUIRURGICO DE LATEX HIPOALERGICO T. 7	14	15	10					24			23	24	110
816	GUANTE QUIRURGICO DE LATEX T. 6	61	50	29	31	38	21	35	37	37	45	23	49	456
817	GUANTE QUIRURGICO DE LATEX T. 6-1/2	64	71	52	64	86	60	90	54	51	93	78	91	854
819	GUANTE QUIRURGICO DE LATEX T. 7	20	20	19	6	5	8	23	23	10	37	34	28	233
820	GUANTE QUIRURGICO DE LATEX T. 7-1/2	40	33	28	49	61	43	34	89	23	50	66	243	759
821	GUANTE QUIRURGICO DE LATEX T. 8			3	16	18	9	13	13	6	16	11	10	115

(*) El guante de vinilo es alternativo al de látex.

Además, cabe señalar que la UVI realiza pedidos al almacén general dos días a la semana (lunes y jueves), siendo la entrega al día siguiente, esto es, martes y viernes. El plazo de entrega de los proveedores, una vez emitido el pedido desde el almacén central, oscila entre los 7 y los 10 días.

El suministro de los proveedores depende del tipo de artículo, entre otros aspectos.

Así, los guantes de examen se sirven en cajas, cada una de las cuales contiene otras diez cajas más pequeñas, cada una de éstas con 100 guantes. O sea, la caja contiene 1.000 guantes en total. A los servicios se les sirven en cajas de 100 guantes.

Por su parte, los guantes desechables son entregados por el proveedor en paquetes de 100 guantes y son suministrados en igual cantidad a los diferentes servicios.

Ahora bien, en los guantes quirúrgicos el formato de compra es 1 caja que trae 6 cajas de 50 pares cada una (300 pares en la unidad de compra). A la UVI y quirófano se sirven en cajas de 50 pares (cada par es indivisible), mientras que a los demás servicios se sirven por pares.

Finalmente, los quirúrgico hipoalérgicos son servidos por los proveedores en cajas de 50 pares y se sirven a las plantas por pares.

Al diseñar el tablero kanban, comenzaron con la referencia 6908, Guante de examen de látex tamaño grande. "¿Qué demanda considerar?" –dijeron. "El período de revisión es variable…, ¿cuánto stock de seguridad? ¿qué incluye el pedido voluntario y el obligatorio? ¿Q o S?... ¡Y parecía tan fácil! …".

Solución del caso Kanban en la UVI

En primer lugar, revisemos la situación. Contamos con un plazo de entrega de 1 día, bajo la hipótesis de que la UVI realiza el pedido a primera hora y recibe la entrega a primera hora del día siguiente. Además, debemos considerar la demanda y el período de revisión, que es de 3 o 4 días: los controles de stock se realizan los lunes y los jueves, lo que implica que transcurren 3 días entre lunes y jueves, y 4 días entre jueves y el lunes siguiente.

Con respecto a la demanda, observamos que esta varía a lo largo de los diferentes meses. En el nuevo sistema a implantar cuya prioridad es no quedarse sin stock, lo habitual es considerar la demanda mensual máxima. En este caso, corresponde a 3.000 unidades, que es la registrada en el mes de noviembre (ver gráfico). Si se redondea a meses de 30 días, supondría una demanda diaria de 100 unidades, esto es, 1 caja.

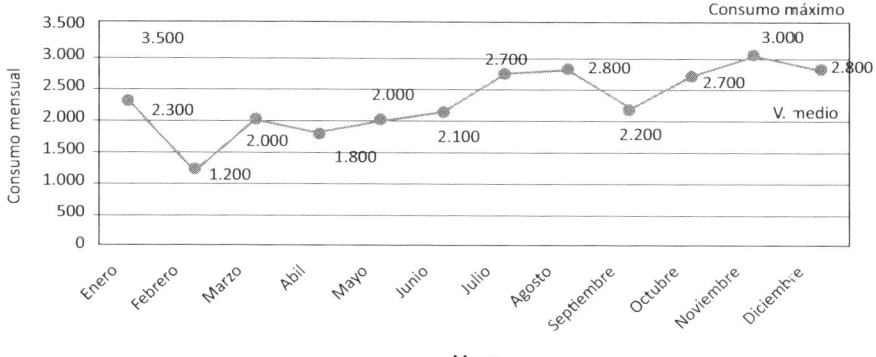

Figura 3.21.

Por otro lado, al ser el período de revisión de 3 o 4 días estamos ante un sistema de revisión periódica. El número mínimo de tarjetas debe ser suficiente para cubrir la demanda durante el plazo de entrega más el período de revisión y un stock de seguridad.

Entonces, el número mínimo de tarjeta son 6 cajas, suma de 1 caja correspondiente al plazo, 4 cajas del período de revisión y 1 caja de stock de seguridad.

El sistema sería un sistema R,S (al revisar pedir hasta el stock máximo).

Si partimos de 6 cajas de stock inicial (y, por tanto, de número de kanbans), el comportamiento sería el que se ve en el cuadro:

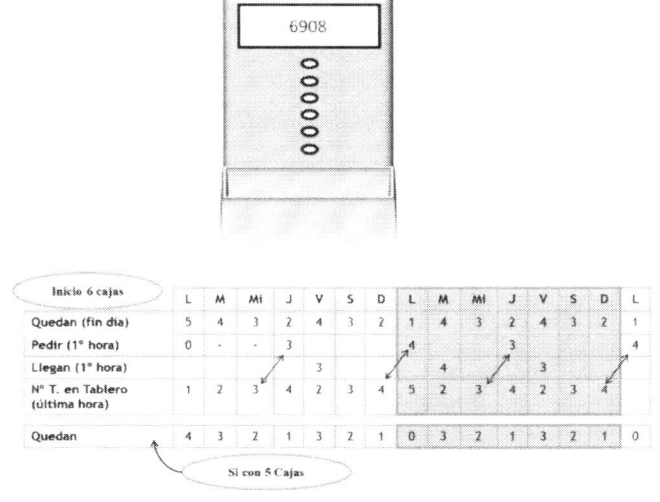

Inicio 6 cajas	L	M	Mi	J	V	S	D	L	M	Mi	J	V	S	D	L
Quedan (fin día)	5	4	3	2	4	3	2	1	4	3	2	4	3	2	1
Pedir (1ª hora)	0	-	-	3				4			3				4
Llegan (1ª hora)					3					4			3		
Nº T. en Tablero (última hora)	1	2	3	4	2	3	4	5	2	3	4	2	3	4	
Quedan	4	3	2	1	3	2	1	0	3	2	1	3	2	1	0

Si con 5 Cajas

Figura 3.22.

Por tanto, con 6 tarjetas el sistema quedaría perfectamente dimensionado. Incluso podríamos intentar funcionar con solo 5 tarjetas, aunque en algunos momentos, concretamente los lunes, nos quedaríamos sin cajas en stock. Esto se debe a que, aunque hemos sobredimensionado la demanda, la prioridad del sistema es no quedarse sin existencias, por lo que reducir el número de tarjetas no resultaría recomendable.

3.9. Rediseño del sistema de gestión de stocks: una experiencia práctica

Tras la explicación del sistema Kanban y para cerrar este capítulo dedicado a la gestión de stocks, vamos a describir de forma breve un caso de rediseño de una política de gestión de stocks en una empresa de fontanería industrial, para ilustrar los conceptos presentados previamente. Lógicamente, no pretende sentar "cátedra", sino, simplemente, mostrar una experiencia.

En primer lugar, hicimos una clasificación ABC en base a las ventas de los doce últimos meses. Separamos previamente las referencias bajo pedido, que se compraban exclusivamente por petición de los cliente, y que lógicamente se excluyeron del sistema de gestión de stocks.

Establecimos que los productos A serían el 80% de la facturación en €, los B un 15% y los C un 5%. También identificamos las referencias obsoletas y que llamamos KO. Estas referencias KO no habían tenido movimiento durante esos doce últimos meses (e incluso en un período más largo).

A su vez, también, establecimos la clasificación por familias (calderas, riego...). Lógicamente, las familias incluían productos tanto A, como B y C de la clasificación anterior.

Familias	% facturación	Nº Familias	% Familias	Nº referencias	% referencias	Coste stock	% coste stock
A	80	81	22,44%	6991	43,92%	€	65,83%
B	15	77	21,33%	5182	32,55%	€	25,05%
C	5	163	45,15%	3620	22,74%	€	8,91%
KO	0	40	11,08%	126	0,79%	€	0,21%
		361		15919		€	

Figura 3.23. *ABC de familias.*

Puede observarse que la familia A, siendo un 44% de las referencias, supone un 65,6% del dinero existente en stock.

Por cierto, con las referencias obsoletas, establecimos varias políticas: devolver la mercancía a proveedores (incluso cambiando por otros artículos nuevos), llevar a cabo promociones para los clientes a través de la web de la empresa y coordinar acciones con el departamento comercial., trasladar estos artículos a la sección de "outlet", regalar estas referencias con artículos que se vendían bien...

Con respecto al cálculo de la demanda, también trabajamos con los datos históricos de los últimos doce meses (esto es, por ejemplo, desde junio del año anterior hasta mayo de este año) y con medias. Parecerá increíble pero no usamos ni técnicas de *machine learning,* ni Winters..., eso sí, corregimos los datos con las estimaciones del departamento comercial. También consideramos la estacionalidad por familia/referencia e identificamos las compras puntuales de los clientes y, posteriormente, los eliminamos del cálculo del consumo medio.

Asimismo, comparamos la media mensual de ventas de los tres últimos meses y de los últimos doce meses, y, si la diferencia superaba un 30%, realizamos un estudio y análisis más profundo de esas referencias para conocer la casuística, realizando un cuadro con los datos del proveedor al que se adquirían esas referencias, la familia a la que pertenecía, la propia referencia, su descripción y el porcentaje de variación detectado.

Proveedor	Familia	Referencia	Descripción	Meida ventas 12 últimos meses	Media ventas 3 últimos meses	% variación

Dado que, como se recordará, la gestión se realiza por proveedor, realizamos una clasificación de los proveedores. Una vez más, se confirmó el principio del 80/20. Así, el 79,80% de las compras se lo hacíamos al 13,7% de los proveedores. Por estos proveedores A, comenzamos el rediseño del sistema.

Lo primero que hicimos fue calcular los dos parámetros clave: cuándo pedir y cuánto pedir.

El punto de pedido se estableció de manera diferente según el plazo del proveedor. Como se recordará, el punto de pedido se calcula como la demanda durante el plazo de entrega más el stock de seguridad, y para estos cálculos utilizamos la demanda media.

Entonces, si el plazo del proveedor era inferior a 15 días, calculamos el punto de pedido como la demanda media mensual de 15 días (es decir, demanda media mensual dividida entre 2) y asignamos al stock de seguridad el mismo valor. En consecuencia, para estas referencias, el punto de pedido quedó establecido como la demanda media de un mes.

En el caso de que el plazo del proveedor fuese superior a 15 días, calculamos el punto de pedido como la demanda promedio diaria multiplicada por el plazo de entrega, asignando al stock de seguridad el mismo valor. De esta forma, el punto de pedido quedó establecido como dos veces la demanda diaria promedio por el plazo de entrega.

Esta metodología asegura que siempre se mantenga suficiente stock de seguridad, adaptándose a los distintos plazos de los proveedores. Lógicamente, como es fácil de entender, sobredimensionamos de entrada en ambos casos para evitar quedarnos sin stock.

Por otro lado, para la cantidad a pedir (Q), si el plazo del proveedor era menor de un mes, establecimos Q como 2 veces la demanda media mensual, y si el plazo del proveedor era superior a un mes, establecimos la Q como 2 veces la demanda media mensual diaria por el plazo de entrega.

A partir de aquí, iniciamos una experiencia piloto, realizando, semanalmente, la revisión de existencias que estaban por debajo del punto de pedido y, posteriormente, lanzando un pedido agrupado de referencias necesarias a cada proveedor. Por supuesto, se pedían o bien unidades o múltiplos de embalaje (bolsa, caja, palé) según referencia y proveedor (la hoja de cálculo, que se comentará más adelante, realizaba estos cálculos de forma automática). Además, la cantidad a pedir de cada referencia se ajustaba, si era pertinente, de forma manual, recogiendo las previsiones de crecimiento o decrecimiento de esa referencia en el mercado, en base a la experiencia del departamento comercial. También, se revisaban las referencias de cada proveedor próximas al punto de pedido, por si interesaba pedir también algunas de esas referencias. En algunos proveedores existían pedidos mínimos (x €) y se ajustaban las cantidades a pedir a ese pedido mínimo. A mayores, disponíamos de alertas por rappel (trimestral, semestral, anual). Finalmente, la dirección de la empresa, en estrecha relación con el departamento comercial, tenía en cuenta potenciales subidas de precio para ajustar las cantidades a pedir.

Antes de implantar el sistema mediante una experiencia piloto, realizamos múltiples simulaciones para evaluar la efectividad de nuestras decisiones, lo que nos permitió identificar la mejor alternativa razonable que evitara quedarnos sin stock.

Tras el éxito de la experiencia piloto, extendimos el sistema a todos los proveedores utilizando los mismos valores y calculamos cómo se comportaría el sistema en la práctica.

El sistema propuesto inicialmente logró una reducción del stock existente del 16,46 %, lo que representaba una disminución del valor del inventario cercana a 0,4 millones de euros, y esto a pesar de un incremento de las ventas del 12 %. Además, debemos recordar, como se ha señalado, que no se empleó un planteamiento muy sofisticado (ni en la previsión de la demanda ni en el cálculo de los parámetros de gestión de stock), sino un enfoque más bien sencillo.

Posteriormente, los parámetros se fueron ajustando progresivamente.

Con respecto a la herramienta, primero lo hicimos en una hoja de cálculo Excel y después, con el proveedor informático, desarrollamos una aplicación para esta gestión (¡lo que supuso un esfuerzo ímprobo!, que como define la RAE ímprobo: "dicho del trabajo o de un esfuerzo: intenso, realizado con enorme aplicación").

En la hoja de cálculo, para cada referencia registramos la cobertura en meses del stock actual, utilizando como referencia la media de ventas mensuales de los doce meses anteriores. Si la cobertura era inferior a dos meses, se marcaba en amarillo, y si bajaba de un mes, se marcaba en rojo, indicando además la cantidad de compra propuesta, que luego podía ajustarse si era necesario.

Todos los meses recalculábamos todos los valores. También preparamos una tabla de configuración de parámetros para poder modificar las fórmulas de manera sencilla cuando lo considerásemos oportuno.

Tras presentar esta experiencia práctica y para finalizar este epígrafe, enunciamos una serie de recomendaciones a tener en cuenta antes de implantar un sistema de gestión de stocks. Estas son:

- Simular diferentes escenarios: evaluar las implicaciones de nuestras decisiones antes de implantarlas.
- ¡No romper!: un sistema de stocks debe evitar roturas. Aunque sea necesario sobredimensionar inicialmente, habrá tiempo de ajustar posteriormente.
- Ahorrar respecto a la situación actual: el nuevo modelo tiene que mejorar lo existente, por ejemplo, reduciendo la cantidad de stock.

- ¡Ajustar, posteriormente!: realizar ajustes una vez que el sistema esté en funcionamiento.
- Actualizar los datos: mantener actualizada toda la información de las variables involucradas para garantizar decisiones correctas.

4. LA GESTIÓN DE STOCKS

EN LA CADENA
DE SUMINISTRO

La visión de los stocks en una empresa debe ampliarse a la gestión de stocks en toda la cadena de suministro. No obstante, como hemos señalado, personalmente prefiero el término "red de suministro", ya que siempre existen múltiples alternativas en su diseño o rediseño, y no se trata simplemente de una cadena lineal de eslabones. Cierto es que el término cadena de suministro (o *supply chain*) se ha popularizado ampliamente.

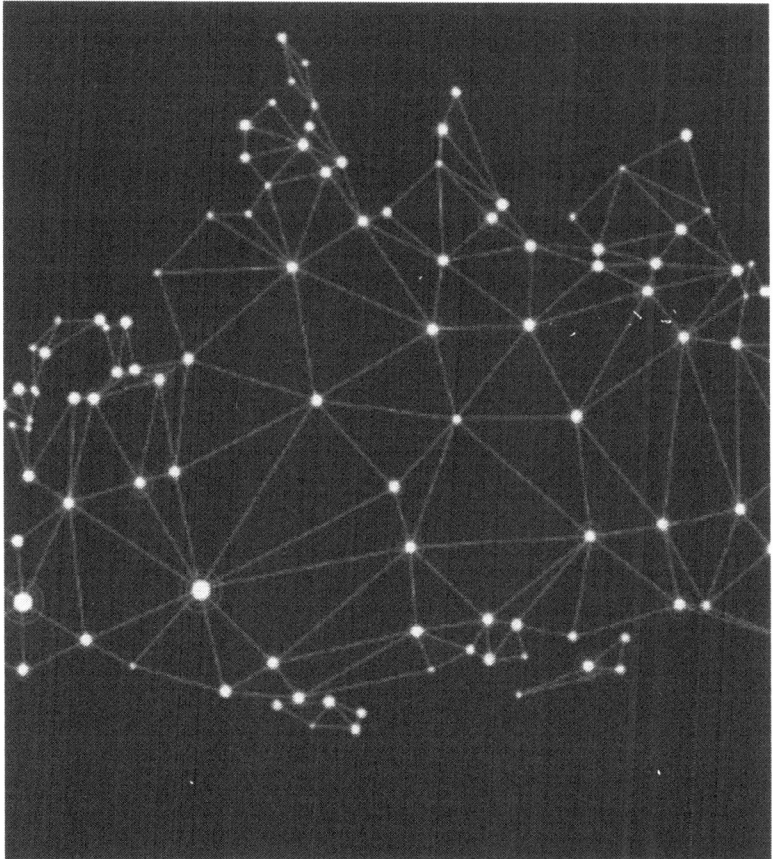

Figura 4.1. *La red (cadena) de suministro*

Además, cada vez más, la competencia se da entre cadenas de suministro y no tanto entre empresas individualmente. Lamentablemente, esta visión no siempre está presente en las organizaciones. No es raro ver que el proveedor tenga que mantener un stock para nosotros; a primera vista, puede parecer que nuestro stock es menor, pero si el proveedor gestiona bien sus costes, es probable que finalmente nos repercuta ese coste. Por tanto, el coste global será, lógicamente, el mismo, ya sea que el stock lo tenga él o lo tengamos nosotros.

A este respecto, en este capítulo comentaremos diferentes aspectos relacionados con los stocks en las empresas dentro de la cadena de suministro, comenzando por el stock en depósito o consigna. También se aborda la opción de que sea el proveedor quien gestione el stock del cliente, conocida por sus siglas en inglés como VMI (Vendor Managed Inventory).

Posteriormente, realizaremos una breve reflexión sobre si es mejor gestionar el stock de forma descentralizada o centralizada. A continuación, analizaremos la ubicación del stock en múltiples puntos y el impacto de reducir este número, lo que se relaciona con la conocida ley de la raíz cuadrada. Después, presentaremos una visión general de la problemática de la gestión de stocks en la cadena de suministro, incluyendo el papel del flujo de información. Asimismo, se abordará cómo la falta de comunicación de la información entre las distintas empresas de la cadena puede dar lugar al fenómeno conocido como efecto látigo. Para cerrar el capítulo, se presenta la política de aplazamiento de pedidos y un caso práctico de gestión de stocks en la cadena de suministro, que ilustra buena parte de los contenidos tratados a lo largo del capítulo.

4.1. Propiedad del stock: stock en depósito o consigna

El concepto de stock en depósito consiste en que el cliente mantiene el stock en sus instalaciones, pero la propiedad del mismo sigue siendo del proveedor. Solo en el momento en que el stock se vende (en el caso de un intermediario) o se consume (en el caso de un fabricante), el cliente paga por el producto. De esta manera, se reparten los costes asociados al stock: el cliente no tiene dinero invertido en la mercancía, aunque sí asume los costes de mantenimiento del inventario.

Suele ser una política comercial que busca incrementar la fidelización de los clientes por parte del proveedor. La idea es que, si el cliente ya tiene el stock del proveedor, es más probable que lo consuma antes de recurrir a productos de terceros.

En algunos casos, esta política responde a una exigencia del cliente debido a un mal servicio previo por parte del proveedor. De esta manera, al tener el stock en sus propias instalaciones, el cliente no se queda sin producto. Sin embargo, esta política suele implicar que el cliente mantenga más stock del necesario, adoptando un enfoque del tipo: "no me cuesta, y por si acaso lo necesito, ante variaciones en la demanda o posibles retrasos de mi proveedor, lo sobredimensiono".

Asimismo, existe un aspecto importante que debe tenerse en cuenta y que, en muchos casos, genera discusión entre cliente y proveedor. Sin embargo, al final, casi siempre el más débil (el proveedor) asume las consecuencias. Nos referimos, entre otros, a la obsolescencia del producto en depósito, a los desperfectos del material y a las posibles devoluciones de producto (por ejemplo, si el cliente encuentra un proveedor más competitivo para esas referencias).

Además, el proveedor incrementa su stock descentralizado, al mantener inventario en las instalaciones de sus múltiples clientes. Como consecuencia, el stock de seguridad necesario para atender la demanda aumenta, y previsiblemente también lo hace el stock total. En este contexto, como ya señalamos, el cliente suele aumentar la cantidad a pedir, al percibir que "no le cuesta".

Por si esto no fuera suficiente, en algunos casos, no es posible repercutir este incremento de costes al cliente, salvo que el proveedor calcule correctamente el impacto de esta política y pueda trasladarlo a sus clientes, lo cual resulta complicado en situaciones de elevada competencia.

En resumen, como suele suceder, esta política, aunque a priori parece interesante, tiene pros y contras que deben ser cuidadosamente analizados.

4.2. Gestión del stock por el proveedor, no por el cliente (*Vendor managed inventory*)

Otra de las políticas relacionadas con los stocks en la cadena de suministro es la denominada *"Vendor Managed Inventory"* (VMI). En este enfoque, en lugar de que sea el cliente (generalmente fabricantes) quien gestione el stock de sus referencias, esta gestión la realiza el proveedor. En el caso de los fabricantes, suelen tratarse de referencias auxiliares del proceso productivo. Un ejemplo claro de esta estrategia es el fabricante de materiales de fijación Wurth.

El acceso a las cantidades en stock de cada referencia puede realizarse de forma electrónica o mediante la visita física del proveedor al almacén del cliente. En base a estas cantidades existentes y a la previsión de la demanda, el proveedor reabastece el stock del fabricante.

El argumento que suele emplear el proveedor para asumir esta gestión es que permite al cliente concentrarse plenamente en su negocio y "olvidarse" de la gestión de estas referencias. Además, en general, el proveedor queda como único suministrador de dichas referencias.

Además, el sistema presenta otras ventajas. Así, si el proveedor tiene problemas de capacidad para cubrir la demanda, al conocer el stock en todos sus clientes, puede retrasar entregas, sin causar pérdidas de venta o de servicio a sus clientes.

Figura 4.2. *Artículos de Würtz.*

Asimismo, el proveedor, en teoría, puede reducir el stock en exceso y mejorar su eficiencia productiva y logística. Además, si observa que un cliente se va a quedar sin stock o ya ha sufrido una rotura, el proveedor puede, con la debida autorización, trasladar stock de un cliente con exceso a otro con escasez.

Sin embargo, para que este sistema funcione de manera adecuada, debe quedar claramente definido el sistema de gestión de stocks (cuándo pedir y cuánto pedir), así como un cuadro clave de indicadores de stock (por ejemplo, rotación), la frecuencia de cálculo y la compartición de la información. Sobre todo, es fundamental establecer un marco claro en la relación proveedor-cliente, con todos los aspectos bien definidos, incluyendo la renegociación periódica de precios y condiciones. Lógicamente, por parte del cliente, el control del sistema es imprescindible, para prevenir potenciales abusos por parte del proveedor.

En definitiva, la clave está en que ambos se beneficien, y no sólo una de las partes.

4.3. ¿Quién debe gestionar el stock? Centralizado o descentralizado

Otro de los aspectos a dilucidar en la gestión de stocks es quién debe gestionar. Ya abordamos en el epígrafe anterior la opción de que sea el proveedor en lugar de la empresa quien gestione el stock.

Si hablamos de la propia empresa, es necesario definir quién gestiona el stock: ¿de manera descentralizada o centralizada? Es decir, cada departamento (mantenimiento, administración, etc.) ¿debe gestionar su propio stock, o debería existir un departamento centralizado que administre todo el inventario? Esta discusión es muy similar a la de quién debe realizar las compras, y ambos aspectos están estrechamente interrelacionados.

No existe una respuesta única a esta cuestión, ya que depende en gran medida de la persona responsable dentro del departamento, área o empresa que gestione esas referencias y que tenga claros los criterios de gestión de stocks. Sea quien sea y sea cual sea la política de la empresa, el establecimiento de un sistema de control y de indicadores adecuados será clave para garantizar una gestión eficiente y adecuada del inventario.

En general, que un experto en gestión de stocks se encargue de esta función se ha convertido en una tendencia clara, ya que permite que cada área o departamento se concentre en su actividad principal, es decir, en gestionar su propia "unidad de negocio".

Un ejemplo de este planteamiento se observa en múltiples cadenas de supermercados, donde la gestión de las necesidades de stock en las tiendas se ha centralizado, manteniendo, lógicamente, ciertas prerrogativas para las tiendas, como la posibilidad de incluir encargos específicos de sus clientes.

4.4. Ubicación del stock. Ley de la raíz cuadrada

Siguiendo con la cuestión de gestión centralizada o descentralizada, debemos también abordar la ubicación del stock, es decir, si conviene tenerlo en una o múltiples ubicaciones.

Varios factores influyen en esta decisión. En primer lugar, se deben considerar los costes totales del sistema (incluyendo el stock, el movimiento de material entre ubicaciones y los costes de cada ubicación) en relación con el nivel de servicio que se obtiene al disponer de stock en múltiples puntos.

Otro aspecto que influye en la decisión es el sistema de control del stock. En general, a mayor número de ubicaciones, más difícil resulta mantener un control efectivo. No obstante, este factor está estrechamente relacionado con el sistema de información y de comunicación con que cuente la empresa para gestionar el inventario.

Como se mencionó en párrafos anteriores, es importante definir quién se encargará de gestionar este stock descentralizado, otro de los aspectos a decidir.

Por otro lado, como es bien sabido, cuantas más ubicaciones tengamos de stock, mayor será el stock de seguridad que necesitemos para cubrir la demanda. Recordemos que el stock necesario en cada ubicación se calcula como la demanda de esa ubicación durante el plazo de entrega, más el stock de seguridad necesario, que cubre posibles variaciones en la demanda y/o en el plazo de entrega. Por tanto, el stock total será la suma de la demanda de cada ubicación por su plazo de entrega más la suma del stock de seguridad de todas las ubicaciones. Si reducimos el número de ubicaciones, la demanda total durante el plazo de entrega seguirá siendo la misma, pero el stock de seguridad no. Al agregar la demanda de todas las referencias, el cálculo de la previsión se vuelve más preciso que si se realizara para cada referencia de manera individual. Lo podemos ilustrar con un ejemplo relacionado con personas: calcular la variación de la expectativa de vida de un individuo dentro de un determinado grupo (ciudad, país) es mucho más difícil que calcular la media del grupo. Por ejemplo, no se puede predecir con certeza cuánto vivirá una persona en España, pero la esperanza de vida media de un ciudadano español es de unos 81 años, y en este dato se basan, por ejemplo, los seguros de vida o de automóvil. De manera similar, cuanto más agregada esté la demanda, más fácil resulta calcular su variación y la del plazo de entrega, lo que permite dimensionar mejor el stock de seguridad.

En este contexto se hace referencia a la llamada ley de la raíz cuadrada, que estima cómo la reducción en el número de almacenes afecta al stock de seguridad. La fórmula muestra que el stock de seguridad asociado al nuevo número de almacenes es proporcional a la raíz cuadrada del cociente entre las ubicaciones futuras y las actuales, multiplicada por el stock de seguridad existente. La figura 4.3 ilustra esta relación, donde n_2

y n_1 representan los almacenes futuros y actuales, y X_2 y X_1 los stocks de seguridad correspondientes.

$$x_2 = x_1 \cdot \sqrt{(n_2 / n_1)}$$

Figura 4.3. *Stock de seguridad y ley de la raíz cuadrada*

Así, si se cuenta con 9 almacenes o ubicaciones y se reducen a solo 1, la ley indica lo siguiente: el stock de seguridad asociado a 9 ubicaciones es proporcional a la raíz cuadrada de 9, es decir, 3; mientras que para una sola ubicación la raíz cuadrada es 1. Por tanto, el nuevo stock de seguridad sería 1/3 del original, es decir, el 33 %, lo que implica una reducción del 66 %.

La tabla 4.1 presenta diversos ejemplos que ilustran esta relación.

Tabla 4.1. *% de reducción del stock de seguridad en base a la ley de la raíz cuadrada*

Número de almacenes existentes	Nuevo número de almacenes						
	1	2	3	4	5	10	15
1	--	(29)	(42)	(50)	(55)	(68)	(74)
2	29	--	(18)	(29)	(37)	(55)	(63)
3	42	18	--	(13)	(23)	(45)	(55)
4	50	29	13	--	(11)	(37)	(48)
5	55	37	23	11	--	(29)	(42)
10	68	55	45	37	29	--	(18)
15	--	74	63	55	48	18	--
15	78	68	61	55	50	29	13

Esta ley, enunciada en 1962, fue probada matemáticamente por D.H. Maister en un artículo publicado en 1975 en el *International Journal of Physical Distribution* con el título *"Centralisation of Inventories and The Square Root Law".* A pesar de su antigüedad, esta ley ofrece una buena aproximación para estimar la reducción del stock de seguridad.

4.5. Problemática de los stocks en la cadena de suministro

En este epígrafe realizaremos una reflexión sobre la problemática de los stocks en la cadena de suministro.

En primer lugar, en esta cadena (que incluye proveedores, proveedores de proveedores, subcontratistas, fabricantes, mayoristas y minoristas, hasta llegar a los clientes finales), existen flujos de materiales y de información. En ella circulan artículos en distintos estados de transformación que avanzan a distintas velocidades, junto con pedidos de todos los miembros de la cadena (cada uno con sus propios plazos y velocidades de transmisión) y previsiones realizadas por cada uno de ellos. La figura 4.4 ilustra buena parte de estos elementos y refleja la complejidad de su gestión. Además, como señalamos, no se trata de una simple cadena de empresas, sino de una red, lo que añade, sin duda, un nivel adicional de complejidad.

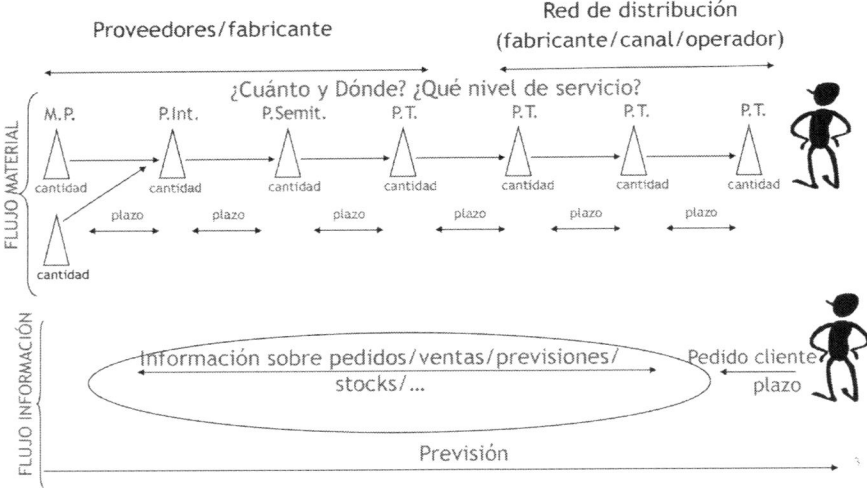

Figura 4.4. *La complejidad de la gestión en la cadena de suministro*

Asimismo, el diseño (o rediseño) de la cadena de suministro y, por tanto, en nuestro caso, las políticas de stock y su gestión, están condicionados por varias variables: las previsiones realizadas por todas las empresas de la cadena (con su elevado grado de volatilidad) y los pedidos que se reciben en un momento determinado. Todo ello depende, por supuesto, del sistema de previsión de cada empresa y de su sistema de su propio sistema de gestión y recepción de pedidos. Además, influyen las políticas que cada empresa adopta respecto a sus flujos de materiales, como sus sistemas de planificación, el tamaño de los lotes de producción, compra o transporte, las políticas de gestión de stocks o el uso del aplazamiento (analizado en el epígrafe 4.7). Otro tanto ocurre con las políticas relacionadas con los flujos de información en la cadena de suministro, en particular con la forma en que esta información se transmite a lo largo de la cadena. A su vez, esta transmisión está influida por la evolución tecnológica, por los sistemas de información utilizados y por el denominado *Bullwhip effect* (o efecto látigo, que se aborda en el próximo epígrafe). Todo ello tiene un notable impacto en la gestión de stocks (y en los stocks resultantes) de cada empresa de la cadena y en el total de la cadena de suministro. La figura 4.5 ilustra estos aspectos.

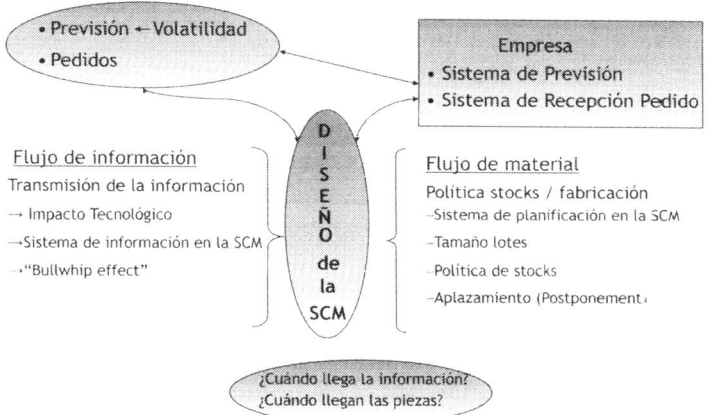

Figura 4.5. *Factores que impactan en el diseño de la SCM*

4.6. Flujo de información en la cadena de suministro. Efecto látigo

Con respecto al flujo de información entre los distintos miembros de la cadena de suministro, es importante destacar que el sistema de transmisión de información (relativo a las previsiones de venta, los pedidos y la disponibilidad de stock) influye de manera significativa en los sistemas de gestión de stocks de todos los participantes.

Cuanta mayor interconexión exista entre los diferentes sistemas de información de las empresas (ERPs, webs, etc.), mayor será la rapidez y fiabilidad en la transmisión de información entre ellas, lo que facilitará una mejor gestión de stocks, tanto de cada empresa, como de la cadena en su conjunto.

Por cierto la gestión de los datos maestros en los diferentes sistemas de información es fundamental. Es clave contar con un único dato confiable y de calidad.

En este sentido, las deficiencias en la transmisión adecuada de la información generan el denominado "efecto látigo" (o *bullwhip effect*), que consiste en la distorsión de la demanda a medida que se avanza hacia los eslabones de la cadena de suministro más alejados del consumidor final. El término se debe a Jay Forrester (1961), investigador del MIT (*Massachusetts Institute of Technology*), y maestro de la Dinámica de Sistemas. El símil con el látigo es especialmente ilustrativo: un movimiento pequeño en la mano genera una gran oscilación en la punta del látigo. Del mismo modo, en la cadena de suministro, una ligera variación en la demanda del mercado puede provocar fluctuaciones mucho mayores en los eslabones iniciales. En el fondo, a menudo no somos conscientes del impacto que nuestras decisiones generan en los demás, especialmente en procesos sujetos a oscilaciones, amplificaciones y demoras, como ocurre en la gestión de stocks dentro de la cadena de suministro.

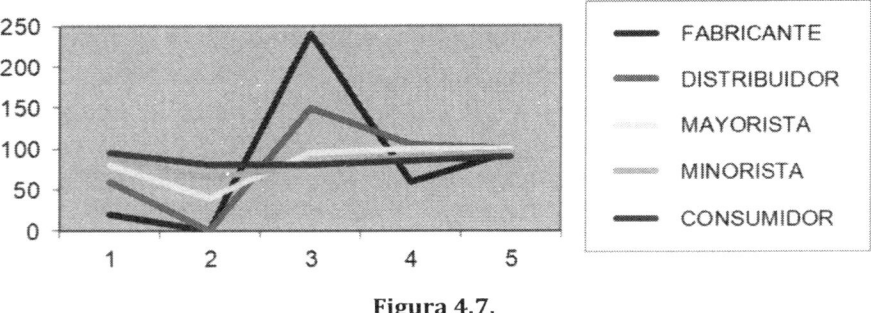

Figura 4.7.

Y estas distorsiones se producen por:

- Que cada miembro de la cadena elabora sus propias previsiones, sin disponer de información directa procedente del consumidor final.
- El aumento de las cantidades solicitadas debido a la falta de fiabilidad de las previsiones ("Por si acaso pido, acumulo y ya lo venderé").

- La variabilidad en los plazos de suministro, que provoca que cada eslabón de la cadena reaccione de forma exagerada ante las fluctuaciones, tomando decisiones basadas en suposiciones.
- El proceso de consolidación de pedidos (ya sea en lotes de producción, de compra, de transporte, etc.) que exceden a la demanda real.
- El incremento de los stocks de seguridad, que añade aún más cantidad acumulada en los distintos miembros de la cadena.

Dos consideraciones más sobre el efecto látigo. La primera está relacionada con la política comercial que muchas empresas aplican al lanzar promociones para hacer sus productos más atractivos —por ejemplo, reducciones de precio, ofertas del tipo "lleve 3 y pague 2", o mayor cantidad por el mismo importe—. Es importante recordar que un aumento de las ventas en promoción no implica necesariamente un incremento real en el consumo. En muchos casos, el cliente compra más producto aprovechando la oferta para consumirlo más adelante. En consecuencia, el patrón de ventas difiere del patrón de consumo, lo que puede intensificar el efecto látigo.

La segunda consideración se refiere al denominado "inflado" de pedidos (también conocido como shortage gaming), que consiste en realizar pedidos que posteriormente se cancelan total o parcialmente. Esto puede ocurrir porque el cliente desconfía de sus propias previsiones de demanda y solicita más cantidad de la necesaria "por si acaso", para luego anular el exceso. En otras ocasiones, el fenómeno se da cuando, cerca del cierre de un período, los vendedores animan a sus clientes a incrementar sus pedidos con el fin de alcanzar sus objetivos comerciales y obtener su incentivo del período. De este modo, el vendedor puede pedir a un cliente de confianza que le realice un pedido artificial, obtener así su comisión por la venta y, posteriormente, cancelar dicho pedido. Este tipo de prácticas no solo distorsionan la realidad de la demanda, sino que además son difíciles de detectar. A menudo, ni siquiera resulta sencillo registrar adecuadamente estos pedidos falsos en el sistema de información, lo que complica aún más la elaboración de previsiones de venta y la gestión de reposiciones futuras.

No resulta sencillo detectar estos pedidos falsos, ni tampoco registrarlos correctamente en el sistema de información para evitar errores posteriores en las previsiones de venta de la empresa. Además, este problema se extiende al resto de la cadena de suministro, donde es previsible que vuelva a generarse el efecto látigo.

4.7. Aplazamiento o *postponement* de pedidos

El aplazamiento o *postponement* consiste en posponer o retrasar actividades hasta que se recibe el pedido del cliente, en vez de realizarlas con información incompleta (o sea, con previsiones).

Existen tres tipos de aplazamiento: el de tiempo, el de lugar y el de forma.

El aplazamiento de tiempo se refiere a retrasar actividades, hasta que se reciben los pedidos.

Por su parte, con el aplazamiento de lugar se retrasa el movimiento de materiales, hasta que se reciben los pedidos.

Y, finalmente, el aplazamiento de forma se refiere a retrasar las actividades que determinan la forma y la función del producto, hasta que se reciben los pedidos.

Quizás el ejemplo más extremo de aplazamiento sea el de las plantillas para zapatos mostradas en la figura siguiente, fabricadas por una empresa china. En este caso, el aplazamiento llega hasta el propio cliente, quien adapta el producto a sus necesidades cortando por la línea de puntos según su talla. De este modo, en lugar de producir diferentes cantidades para cada referencia (cada talla), asumiendo el riesgo de excedentes en unas y roturas en otras, la empresa fabrica una única referencia en una cantidad unificada. Lógicamente, el precio de venta (o la falta de alternativas mejores) hace que el cliente acepte esta solución.

Figura 4.8. *Aplazamiento hasta el cliente*

El modelo de gestión del fabricante de muebles IKEA, en el que es el propio cliente quien monta el mueble en su casa, constituye otro ejemplo de aplazamiento. Este enfoque ha exigido el desarrollo de soluciones innovadoras, entre ellas, el diseño específico del embalaje de sus productos.

Otro ejemplo son el empleo de las denominada plataformas modulares en el automóvil que facilitan a los fabricantes usar la misma base (la plataforma) para crear diferentes modelos de vehículos.

Con el notable aumento de la variedad de productos en las empresas, el aplazamiento de forma adquiere una gran relevancia. Bajo este enfoque, la empresa fabrica productos semiterminados y solo los convierte en producto final tras recibir el pedido (por ejemplo, mediante el envasado o el montaje de componentes específicos para cada cliente). En ocasiones, esta fase final se lleva a cabo lo más cerca posible del cliente (incluso por parte de un operador logístico) como sucede con empresas exportadoras que terminan de configurar el producto en el país de destino. Como contraejemplo, aún podemos recordar aquellos manuales de cámaras de fotos o lavadoras, impresos en múltiples idiomas, que a veces ocupaban más espacio que el propio producto.

Un último ejemplo, lo encontramos en el software de los teléfonos móviles. Los fabricantes (como Samsung o Huawei) personalizan la misma plataforma base (Android), a lo que se suma la selección de aplicaciones (apps) que cada usuario descarga e instala en su dispositivo. De este modo, se obtiene una personalización tardía y progresiva del software.

Evidentemente, el diseño (o rediseño) del producto resulta clave en este planteamiento del aplazamiento.

4.8. Caso: Gestión de stocks en la cadena de suministro

Este caso pretende servir de reflexión sobre la importancia de la gestión de stocks en la cadena de suministro.

4.8.1. Enunciado

Recordemos que Rosa, le había dado ya una vuelta a la gestión de stocks de su empresa. Tras una ajetreada jornada laboral, Rosa quedó con su amiga María, que era consultora, y esta le contó el proyecto que tenía entre manos.

Se trataba de una empresa que vendía en España (20% del total de las ventas) y exportaba a varios países europeos, Francia (15%), Italia (15%),

Alemania (15%), Reino Unido (10%), Portugal (10%) y Rusia (15%). Tenía subcontratada la producción a un tercero (ubicado en Sevilla) desde el que se enviaba todo el producto terminado a un operador logístico de Madrid. En Coruña, sede central de la empresa, disponía de un almacén adónde llegaban las materias primas (incluidos los envases y embalajes (E+E)) y se enviaban al fabricante. Algunas referencias eran iguales variando el tamaño del envase (por ejemplo, formato de 100 ml, 500 ml, 1 litro...) o su imagen (por ej., con textos en inglés, francés, italiano... en función del mercado). No era posible modificar la imagen del envase por cuestiones comerciales.

En base a las previsiones de la demanda (nacionales e internacionales por cada país) realizadas por el área comercial, stocks existentes, plazos... se planificaba la producción para todas las referencias (unas 200) y se lanzaban los pedidos para cada referencia al fabricante, enviándosele la materia prima y los E+E.

Los pedidos de España y Portugal llegaban a la sede central y desde allí se cursaban las órdenes al operador logístico. En cada país existía un almacén (también de operadores logísticos) gestionado por el área comercial que decidía las cantidades a tener en stock y, cuando lo estimaba oportuno, lanzaba pedidos a la sede central para que esta enviase el producto desde el operador logístico de Madrid. La empresa estaba pensando servir los pedidos de los clientes de la península ibérica desde el almacén de A Coruña (aunque ello lógicamente requeriría ampliarlo).

"Pues sí que hay alternativas en la cadena de suministro en relación con los stocks" –dijeron las dos. Y se pusieron a enumerarlas...

4.8.2. Resolución

La situación inicial de la empresa se muestra en la figura 4.9.

No se trata de, en este caso, dar una solución (hace falta mucha información que sí disponíamos en el proyecto que realizamos con la compañía, pero que se escapa de los objetivos de este libro), sino plantear diferentes alternativas y opciones, así como realizar una serie de consideraciones. Estas se presentan a continuación.

En primer lugar, deben determinarse las cantidades a pedir a los diferentes proveedores, y también si las materias primas deberían enviarse directamente al fabricante (todas o parte) y en qué cantidad y con qué frecuencia (sin olvidar dónde realizar los necesarios controles de calidad). A este respecto, debemos determinar cuántas fábricas nos harán falta y dónde ubicarlas.

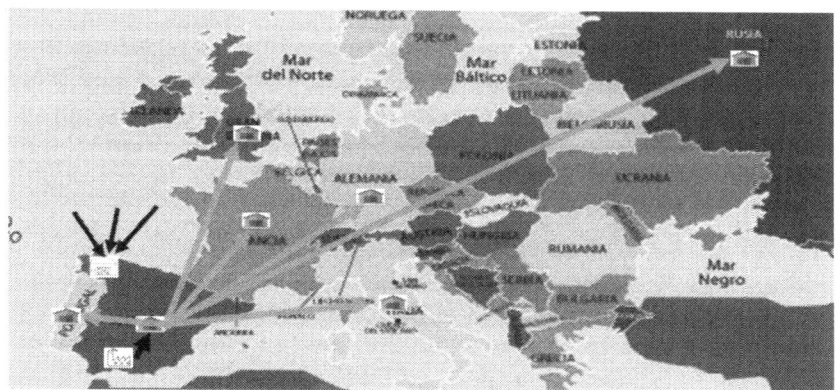

Figura 4.9. *Situación inicial de la empresa.*

Asimismo, con respecto a la fábrica, debemos determinar las cantidades a fabricar de cada producto y sería recomendable realizar el plan de producción a nivel de producto semiterminado, en lugar de hacerlo sobre el de producto terminado, al tratarse de productos idénticos que solo difieren en el envase y/o el texto de la etiqueta (figura 4.10). A partir de esta fabricación de producto intermedio (a veces se denomina *"bu!k"* esta cantidad fabricada que luego da origen a diferentes referencias), realizar un "plan de montaje" y envasar en los diferentes formatos (formato de 100 ml, 500 ml, 1 litro...) y y adaptarlos en su presentación (por ej., con textos en inglés, francés o italiano, en función del mercado).

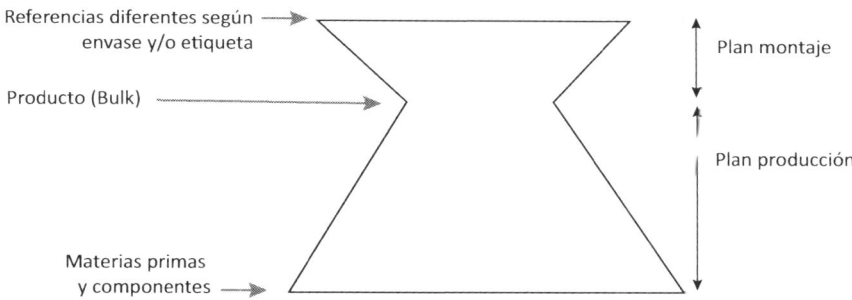

Figura 4.10. *Plan de producción y plan de montaje*

Este "plan de montaje" podrá realizarse en la fábrica y/o en los almacenes. Cuanto más cerca del cliente se defina la referencia final, mejor, ya que esto ayuda a evitar stocks innecesarios, dado lo difícil que resulta prever con precisión la demanda.

Por otro lado, con respecto a los almacenes, debemos determinar, al igual que en el caso de las fábricas, cuántos y dónde ubicarlos (¿tiene sentido el almacén que propone la empresa en Coruña?) y si tendría sentido algún punto de tránsito en lugar de almacén (para realizar lo que ahora se suele denominar *"cross docking"*). Además, debemos valorar si tendría sentido enviar desde el almacén de la fábrica a los clientes de Iberia y del resto de Europa sin pasar por el operador logístico.

Por cierto, hay que olvidarse del concepto de delegación o "país": en Francia, en Alemania. Puede que un almacén esté en Bélgica y sirva a Francia (todos o parte de los pedidos) o a Alemania, por poner un ejemplo.

Abordemos ahora, casi paraconcluir, dos aspectos adicionales. El primero es si las fábricas y los almacenes deben ser propios o de terceros o una combinación de ambos. Múltiples factores inciden en esta decisión y la respuesta a la misma se escapa de los objetivos de este libro. Pero sin duda la estrategia empresarial resulta clave en esta decisión

La segunda pregunta es quién gestiona el stock en la red: la Central o cada país. Nosotros entendemos que con un buen sistema de información (como tenía nuestra empresa) lo debe gestionar la Central. Una visión global y la existencia de criterios claros de gestión permiten reducir de manera significativa el stock.

Finalmente, como se ha observado, este caso refuerza la importancia de la gestión de stocks en la cadena de suministro, así como la cantidad de alternativas disponibles y la complejidad de la toma de decisiones. Y esto, sin haber analizado aún toda la cadena de suministro, como la problemática que puedan presentar sus proveedores o sus clientes.